O SUCESSO
EXISTE EM VOCÊ

DNA DA LIDERANÇA

DESBLOQUEANDO SEU POTENCIAL PARA LIDERAR

EDITORA
CHAVE MESTRA®

EDITORA
CHAVE MESTRA®

Av. Marcos Penteado de Ulhoa Rodrigues, 1119 – Tamboré, Alphaville - SP,
Ed. Office Shopping Tamboré – Andar 21 – Sala Chave Mestra
CEP: 06460-040
@editorachavemestra
editora@editorachavemestra.com.br
Acesse: www.editorachavemestra.com.br

Título original em Português:
DNA da liderança: desbloqueando seu potencial para liderar

Direção editorial: Raquel Medeiros
Coordenadora editorial: Bartira Costa Neves
Assistente editorial: Eloiza Andrade e Amanda Oliveira
Revisão: Lila Híllona
Diagramação: Weslei Eugênio
Branding de capa: Izzo Medeiros
Projeto gráfico: Weslei Eugênio

O conteúdo desta obra é de total responsabilidade dos autores e não reflete necessariamente a opinião da editora.

Dados Internacionais de Catalogação na Publicação (CIP)

Vale, Rogério (Organizador)
V149 DNA da liderança: desbloqueando seu potencial para liderar / Rogério Vale (Org) – Barueri, SP: Chave Mestra Editora, 2024. 288 p. : 16 x 23 cm

ISBN 978-65-5496-000-7

1. Negócios. 2. Finanças. 3. Desenvolvimento pessoal. 4. Liderança. 5. Sucesso nos negócios. 6. Finanças pessoais. I. Título.

CDD 158.1

DNA
DA LIDERANÇA

SUMÁRIO

APRESENTAÇÃO

Este livro, *DNA da Liderança*, é uma obra em coautoria que reúne 34 especialistas na arte de liderar. Cada escritor deste livro trouxe a sua experiência e a sua perspectiva sobre o que é ser um líder eficaz. Em vez de oferecer apenas fórmulas prontas, esta obra busca explorar os elementos essenciais que compõem a liderança, desde a autenticidade até a gestão de crises, passando pela importância da comunicação e da ética, entre outras habilidades fundamentais quando o assunto é liderança.

Ao longo destas páginas, você encontrará uma variedade de histórias, *insights* e estratégias compartilhadas por líderes de diferentes segmentos profissionais. O objetivo é inspirar e capacitar os leitores a desenvolverem suas habilidades de liderança, refletirem sobre seus valores e aprimorarem suas competências pessoais e profissionais com empatia e foco no resultado.

Mais do que um guia, este livro é um convite para uma jornada de autodescoberta e desenvolvimento. Esperamos que as experiências e lições compartilhadas aqui ajudem os leitores a se tornarem grandes líderes em suas vidas e carreiras, contribuindo para um mundo melhor!

Que esta leitura seja uma fonte de inspiração e orientação para todos aqueles que aspiram deixar um legado de impacto social positivo.

Boa leitura!

Rogério Vale

CEO da Editora Chave Mestra e do Instituto de Desenvolvimento Comportamental Brasil e Portugal

EDITORA
CHAVE MESTRA®

IDEC | INSTITUTO DE DESENVOLVIMENTO COMPORTAMENTAL

DNA DA LIDERANÇA

AFONSO SOUZA

Afonso Souza, consultor empresarial. Formado em Administração e pós-graduado em Recursos Humanos pela Fundação Getúlio Vargas, atuou no Banco Itaú S/A.

Especialista em Desenvolvimento Gerencial, *Feedback*, *Team Building*, Atendimento Consultivo e Liderança Transformadora, ministra cursos para empresas nacionais e multinacionais. Certificado em *Coach Professional & Self-Coaching* pelo Instituto Brasileiro de *Coaching* e credenciado ao ICC.

Autor de "Da Casa de Taipa ao Limiar do Saber" e coautor de "Gerente Total" e "Estação D'Aurora". Membro-fundador da Academia Aurorense de Letras e Artes, cadeira 39, desde 2020.

Objetiva cultivar relacionamentos harmoniosos, potencializando talentos e impactando vidas diariamente.

afonso.csouza

+55 (11) 99102-3612

afonso.souza47@gmail.com

DNA DA LIDERANÇA

01 LIDERANÇA TRANSFORMADORA: INSPIRANDO MUDANÇAS SIGNIFICATIVAS

Por Afonso Souza

A liderança transformadora é um tipo especial de liderança que vai além de simplesmente dar ordens. Ela é como uma chama que inspira mudanças incríveis nos liderados, iluminando o caminho com uma visão clara dos objetivos. O líder transformacional não apenas fala, mas vive o que acredita, usando sua própria jornada como um farol para guiar os membros da equipe. Essa abordagem revolucionária foi introduzida por James V. Downton em seu livro "Rebel Leadership: Commitment and Charisma in a Revolutionary Process", de 1973.

No entanto, só veio a ganhar maior popularidade em 1978, quando o historiador e cientista político James McGregor Burns publicou o livro "Leadership".

Para Burns, a liderança transformacional é um pacto entre líderes e seguidores, uma simbiose onde todos se ajudam a atingir um nível superior de moral e motivação. É uma teoria contemporânea sobre liderança, repleta de suas próprias vantagens e desvantagens, tal como outros estilos de liderança.

A liderança transformadora busca inspirar e motivar a equipe para alcançar objetivos comuns, gerando mudanças positivas no ambiente de trabalho. Mas, enfrenta obstáculos íntimos. Alguns resistem a mudanças, dificultando novas práticas. Sem apoio da equipe, essa liderança perde eficácia. Recursos limitados, sejam financeiros ou tecnológicos, também são entraves. Em organizações arraigadas em culturas resistentes, mudar valores e práticas se torna desafiador e complexo. Expectativas elevadas podem resultar em frustrações e fracassos. Liderar uma transformação requer habilidades únicas: empatia, comunicação, gestão de mudanças e visão estratégica são fundamentais. A falta dessas habilidades compromete o sucesso na implementação das mudanças.

A ausência de líderes transformacionais traz desafios profundos para as organizações. Sem essa orientação, falta inspiração, direção e motivação às equipes. A resistência à mudança cresce, afetando a inovação e a adaptabilidade. A coesão e o engajamento sofrem, prejudicando a colaboração e a eficácia. A cultura organizacional estagna, minando a capacidade de competir. Além disso, o potencial de liderança dos colaboradores não é desenvolvido, impactando o crescimento da empresa.

Em resumo, a ausência de liderança transformacional pode limitar a capacidade de uma organização de se adaptar, inovar, motivar e inspirar seus membros, o que pode ter um impacto significativo no desempenho e na cultura organizacional como um todo.

Para superar esses problemas, os líderes precisam desenvolver estratégias eficazes de comunicação, envolver e capacitar os membros da equipe, estar preparados para enfrentar resistências e adaptar as estratégias de acordo com a cultura organizacional específica. A liderança transformadora pode ser desafiadora, mas quando implementada corretamente, pode trazer benefícios significativos para a organização.

1. Características da liderança transformadora

A liderança transformadora é como uma dança entre a visão e a realidade, onde o líder não apenas sonha, mas também inspira outros a sonharem junto. Ela se distingue por cinco atributos distintivos: visão inspiradora e clara; empatia e conexão com as pessoas; capacidade de delegar e capacitar; inovação e pensamento criativo; resiliência e adaptação às mudanças.

1. A primeira característica, **uma visão inspiradora e clara**, é o farol que guia o time rumo a um futuro melhor. É como pintar um quadro vívido do que pode ser alcançado, motivando cada membro a se engajar nesse propósito comum.

2. **A empatia e conexão com as pessoas** são a essência humana da liderança transformadora. Ir além das metas e números, compreendendo as emoções, necessidades e perspectivas individuais de cada membro da equipe. É construir laços reais, fortalecer vínculos e criar um ambiente onde todos se sintam valorizados e compreendidos.

3. **A capacidade de delegar e capacitar** é um dos pilares fundamentais. Um líder transformador não centraliza o poder, mas o distribui de forma inteligente, confiando nas habilidades de sua equipe. Capacitar significa fornecer as ferramentas necessárias, orientação e autonomia para que cada membro cresça e alcance seu potencial máximo.

4. A **inovação e o pensamento criativo** são combustíveis da transformação. Estar aberto a novas ideias, encorajar a experimentação e cultivar um ambiente onde a criatividade floresce são marcas de um líder que não teme desafiar o status quo. É impulsionar a busca por soluções originais e eficazes.

5. Por fim, a **resiliência e a capacidade de adaptação às mudanças** são vitais. O mundo é dinâmico e imprevisível, e um líder transformador não teme a incerteza, mas a abraça como uma oportunidade. É a capacidade de se recuperar de contratempos, aprender com os fracassos e se adaptar rapidamente às mudanças do ambiente, mantendo o foco na visão maior.

Em suma, a liderança transformadora é uma jornada contínua de autodescoberta e aprendizado. É um equilíbrio delicado entre inspirar e capacitar, entre sonhar e agir. Essas cinco características não são apenas traços isolados, mas fios entrelaçados que formam a tapeçaria de um líder visionário e impactante, capaz de inspirar mudanças significativas no mundo ao seu redor.

2. Estratégias para inspirar mudanças significativas

A liderança transformadora é uma jornada profundamente pessoal, uma busca por inspirar mudanças significativas não apenas nos outros, mas também em si mesmo. É um compromisso com a evolução contínua, impulsionando não apenas resultados tangíveis, mas também transformações intrínsecas. Para tal, é crucial adotar estratégias fundamentais que não só motivem, mas também gerem um ambiente propício à mudança e ao crescimento.

1. A primeira estratégia essencial é a **comunicação autêntica e motivadora**. Comunicar-se de maneira genuína, expressando emoções e ideias de forma clara e empática, é o alicerce para inspirar outros a seguir uma visão compartilhada. Transmitir entusiasmo, conectando-se emocionalmente com as pessoas, é o motor que impulsiona a ação e o engajamento.

2. O segundo ponto crucial é o **desenvolvimento de uma cultura de confiança e colaboração**. Sem confiança mútua, qualquer esforço de transformação será limitado. Construir um ambiente onde a confiança seja cultivada, incentivando a colaboração e o respeito mútuo, é essencial para encorajar a inovação e a coletividade.

3. Outra característica fundamental é o **estímulo ao crescimento e desenvolvimento pessoal e profissional**. Investir no crescimento das pessoas, tanto no aspecto pessoal quanto profissional, é um investimento na própria transformação. Fomentar o aprendizado contínuo, oferecer oportunidades de desenvolvimento e encorajar a busca por novos desafios são pilares para inspirar mudanças profundas e significativas.

4. **Promover a diversidade e a inclusão** como motores de transformação é a quarta estratégia-chave. Reconhecer e valorizar a diversidade de ideias, experiências e perspectivas enriquece a tomada de decisões e estimula a inovação. A inclusão ativa de diferentes vozes e a valorização da pluralidade são essenciais para impulsionar mudanças autênticas e sustentáveis.

5. Por fim, **liderar pelo exemplo pessoal** é um diferencial poderoso. Exemplificar os valores e comportamentos desejados, agindo de acordo com as mesmas expectativas que se espera dos outros, é uma forma poderosa de inspirar mudanças. O exemplo pessoal cria um farol a seguir, incentivando outros a se comprometerem com os objetivos traçados.

Em síntese, a liderança transformadora que inspira mudanças significativas se fundamenta na comunicação autêntica, na construção de confiança e colaboração, no estímulo ao crescimento pessoal e profissional, na promoção da diversidade e inclusão, e na liderança pelo exemplo pessoal. São essas estratégias que moldam e impulsionam uma verdadeira transformação, não apenas nos outros, mas também no próprio líder.

3. Estudos de caso da liderança transformadora

Estudos de caso destacam líderes que catalisaram mudanças profundas, como Malala Yousafzai, Mahatma Gandhi e líderes corporativos como Mary Barra, Satya Nadella e Indra Nooyi. Esses exemplos ressaltam a importância da visão, coragem e comprometimento na liderança transformadora.

4. O Futuro da liderança transformadora

A liderança transformadora moldará o futuro, não apenas pela habilidade de gerir, mas pela capacidade de inspirar e moldar mentes. Está enraizada na empatia, na visão ampla e na coragem de desafiar o status quo. O líder transformador não busca apenas resultados imediatos, mas investe na construção de legados duradouros. Ele não segue padrões, ele os redefine, impulsionando equipes a abraçarem a mudança como oportunidade. No futuro, a liderança transformadora será o alicerce da evolução, inspirando cada indivíduo a abraçar sua própria transformação, construindo um mundo onde a mudança é não apenas aceita, mas celebrada.

Em síntese, a liderança transformadora vai além de comandos; é uma arte de inspirar mudanças significativas. Exige a construção de visões compartilhadas, o fomento de ambientes inovadores e o exemplo pessoal para inspirar outros. Molda não apenas o futuro das empresas, mas também um legado inspirador para os seguidores, evidenciando que cada indivíduo tem o potencial de ser um agente de mudança.

A liderança transformadora demanda olhar para dentro, onde a chave para abrir portas está na autenticidade e no desenvolvimento pessoal.

Afonso Souza

ALINE LIPARELLI

Com 17 anos de mercado corporativo e empresarial, e diversas experiências de liderança em meu currículo, minha jornada é marcada pelo ímpeto de mudança e transformação que move líderes natos, como você. Sou uma mentora dedicada a extrair o melhor e o diferencial de cada liderança.

Com especialização em desbloquear o potencial pessoal e social de cada pessoa, alinhado a objetivos profissionais, minha abordagem mescla pragmatismo com propósito, transformando frustrações e limitações em trampolins para o sucesso.

Em "Além do Escritório: Liderando para Transformar", compartilho métodos que desafiam a estagnação e impulsionam líderes à ação que reverbera — um caminho testado para aqueles que buscam liderar com impacto e deixar um legado memorável.

aline.liparelli

02 ALÉM DO ESCRITÓRIO: LIDERANDO PARA TRANSFORMAR

Por Aline Liparelli

No silêncio de um escritório, ela permanece imóvel – consumida por pensamentos que ecoam mais alto do que o ruído de fora. Ela alcançou todos os marcos tipicamente celebrados como sucesso: uma posição de destaque, um salário acima da média para sua idade, o reconhecimento. No entanto, há uma questão que não silencia: "Isso é tudo?".

Essa era eu, no ano de 2013, quando estive no meu último emprego CLT. No auge dos meus 25 anos, eu estava cursando meu primeiro MBA depois de me formar em Administração, era gerente comercial de um banco multinacional no segmento de alta renda e levava uma vida comum.

Acordava correndo, me maquiava e comia algo no carro, sempre atrasada, reunião de time, clientes, superiores, metas. Na saída do trabalho, um *happy hour*, ou compras no shopping. "Muito estresse" que falam, né?" ..."Preciso dar uma espairecida... eu mereço.". Até o dia em que fui diagnosticada com gastrite nervosa por estresse - já tinha uma úlcera no estômago - e vi minha avó materna falecer de câncer após 30 dias de sua descoberta. Naquele momento, tudo o que eu considerava sobre vida, carreira, relacionamentos, se "resetou". E pela primeira vez, de maneira consciente, me vi perdida.

E este é o pensamento silencioso de muitas pessoas. Um questionamento secreto que desliza por entre suas conquistas. Não é um questionamento sobre o sucesso; é uma indagação sobre a relevância da coisa.

Esse capítulo é um chamado fundamental e ressoa profundamente com os anseios mais profundos de quem você é. Líderes não são apenas designados para atingir resultados em números: são os cultivadores da cultura, os arquitetos da responsabilidade corporativa, e – cada vez mais – os embaixadores da mudança social positiva.

Você pode pensar: "Como isso se aplica a mim?". Talvez você esteja em busca de um plano que concilie o sucesso financeiro e pessoal com o impacto social. Talvez você também esteja em busca de uma mudança significativa, uma que ilumine seu legado não em números trimestrais, mas em vidas tocadas. Neste capítulo, vou te trazer *insights* de como integrar autenticamente a responsabilidade social ao DNA da sua liderança.

Pesquisas da Cone Communications apontam que 87% dos consumidores têm mais chances de comprar um produto de uma empresa que se envolva em questões sociais que eles se preocupam. Os ODS (Objetivos de Desenvolvimento Sustentável), estabelecidos pelas Nações Unidas, têm como objetivo direcionar ações para problemas sociais e ambientais relevantes globalmente. As empresas estão cada vez mais alinhando suas estratégias com esses objetivos.

Você pode transformar cada projeto, cada reunião e cada dia de trabalho em oportunidades para promover uma mudança fora das paredes de vidro do seu escritório.

Era Industrial x Era do Propósito

Voltando um pouco à história, podemos fazer um comparativo entre eras. A era dos nossos pais e avós, chamada Era Industrial, e nossa, a Era do Propósito. A era industrial abrangeu grande parte do século XIX e início do século XX. Foi caracterizada pelo desenvolvimento da produção em massa, utilizando máquinas e tecnologias para aumentar a eficiência e a produtividade nas fábricas.

A era do propósito é uma época mais recente, que se desenvolveu a partir do final do século XX e continua até os dias atuais. Ela representa uma mudança na mentalidade e nos objetivos das empresas e pessoas, enfatizando o propósito social e a responsabilidade corporativa.

Em resumo, a diferença entre a Era Industrial e a Era do Propósito reside na transformação dos objetivos e mentalidade das empresas e pessoas, passando de uma busca exclusiva por lucro e produção em massa para uma ênfase maior no impacto social, sustentabilidade e responsabilidade corporativa.

E aí que essa transição de eras, na prática, começou a me incomodar: eu simplesmente não conseguia compreender como tudo era tão impositivo, desequilibrado, sem identidade, sem um motivo maior para tudo aquilo estar acontecendo.

Fazer carreira ou vender arte na praia?

Foi quando a pergunta mudou de "Isso é tudo?" para "O que eu posso fazer?". Eu sentia que de alguma forma minha carreira havia atingido um platô, onde novas oportunidades de crescimento eram escassas, por justamente não me enxergar me tornando aquelas pessoas que estavam em posições superiores a mim, me deixando sem um claro caminho ascendente.

Num misto de ansiedade e depressão, desejo de mudança e inércia, pensamentos como "as pessoas vão me achar louca se eu decidir imprimir algo diferente" e "a vida é minha, eu faço o que eu quiser", comecei a viver três grandes dilemas:

1. **Escolha de carreira vs. Paixão pessoal:** Como encontrar um equilíbrio entre seguir a segurança da minha carreira atual e a busca por uma atividade que realmente ame e que esteja alinhada com meus valores, paixões e que traga um propósito para minha vida?
2. **Desejo de futuro vs. Realidade atual:** Como assumir a responsabilidade de me capacitar e exercer uma figura de liderança com propósito e ainda assim conseguir dar conta de tudo? Será que não vai complicar mais as coisas?
3. **Realidade vs. Mundo de Aline:** E se as empresas se preocuparem mais com a grana e o sistema do que em mudar as coisas de fato?

Ser antes de fazer

Diante de todo esse cenário, eu decidi que iria me autoconhecer e me capacitar para encontrar as respostas que eu buscava. Mudanças nas organizações já tinham passado da hora de acontecer. Como disse Frances Hesselbein, presidente e CEO do Leader to Leader Institute: "Liderança é uma questão de ser, não de como fazer".

Dá trabalho desempenhar um papel de liderança bem-feito. Um líder enfrenta a complexidade de tomar decisões difíceis, equilibrar demandas diversas e inspirar sua equipe. A pressão constante e a responsabilidade pela performance podem gerar estresse. Além disso, a gestão de conflitos e a necessidade de manter a motivação da equipe são desafios constantes para um líder eficaz.

Quando falamos em imprimir de fato novas ações em relação à liderança, um dos maiores desafios é decidir estar verdadeiramente capacitado e disposto a mudar esse cenário na prática.

Assuma a responsabilidade

"Ninguém faz nada sozinho" é uma frase que repito sempre para meus clientes. Busque ferramentas, cursos, pessoas que já estão onde você gostaria, mentores. Não duvide de sua capacidade, mas esteja sempre dentro da realidade e entenda as lacunas que existem entre o ideal e as capacidades e habilidades que você já tem para assumir esse lugar. Existirão falhas, e isso fará parte do seu aprendizado.

Mahatma Gandhi foi um líder político e espiritual indiano que desempenhou um papel crucial na luta pela independência da Índia do domínio britânico. Ele enfrentou prisões, perseguições e dificuldades extremas enquanto lutava por sua visão de um país livre e unido. Além disso, Gandhi também enfrentou desafios internos, como a necessidade de unir um país diverso e dividido, composto por diferentes religiões, castas e interesses.

De forma prática e objetiva, aqui estão alguns benefícios que você vai aproveitar ao adotar a liderança com propósito para sua vida:

1. Sentimento de realização pessoal;
2. Melhoria das habilidades de liderança;
3. Inspiração e motivação da equipe;
4. Atração e retenção de talentos;
5. Melhoria do clima organizacional;
6. Reconhecimento externo;
7. Potencial de impacto positivo na sociedade.

Construa algo que valha a pena ser construído

Tanta gente empenha-se em buscar a perfeição. O problema com o perfeccionismo é que isso cria uma meta imaginária e inatingível. Sempre vai ter alguém mais veloz, melhor e mais perfeito.

Você tem que substituir seu senso de perfeição por "eu preciso fazer o meu melhor". Faça as melhores escolhas que puder, guiadas pelos seus valores pessoais inegociáveis, prioridades e ambições. Saiba quais são e avante!

Um líder com propósito inspira os membros da equipe, criando um ambiente onde todos se identificam com objetivos mais amplos e contribuem para um impacto positivo no mundo.

Dicas simples e práticas para aplicar hoje

As pessoas podem se transformar, mas você precisa oferecer o ambiente certo. Reuniões, materiais, mentorias, um ecossistema de capacitação e conexão interpessoal.

Como se desenvolver para ser um líder melhor:

1. Defina um propósito claro para si e para a equipe;
2. Defina seus valores pessoais inegociáveis;
3. Incentive o desenvolvimento pessoal, inclusive o seu;
4. Crie uma cultura baseada na confiança;
5. Estabeleça metas reais e significativas;
6. Crie uma conexão verdadeira com a equipe - descubra seus sonhos e motivações;
7. Celebre conquistas e aprendizados;
8. Busque novas referências;
9. Seja humilde e ensinável;
10. Inspire pelo exemplo: não cobre, mas ensine;
11. Busque estar em lugares que fomentam a colaboratividade e criem conexões que te permitam desenvolver habilidades de relacionamento interpessoal;
12. Adquira visão macro sobre o que está acontecendo no mundo;
13. Busque estar em lugares e perto de pessoas que você admira, e que já chegaram aonde você quer.

Entenda a vida que você quer viver e lute pelo que você acredita. Mais do que caminhos definidos, deixe que a vida vá te mostrando o COMO, a partir de uma DECISÃO profunda DO QUE você quer experienciar. É o seu desejo profundo que vai fazer com que você dê passos largos e realize coisas que antes poderiam ser inimagináveis para você.

Você assume uma posição de protagonismo na sua vida e uma figura de liderança quando a coragem passa a ser maior que seus medos e limitações. E é isso que inspira.

Quem olha para fora, se inspira, quem olha pra dentro, acorda!

De que adianta você ser um bom líder e um péssimo ser humano? Para mim, a conta não fecha.

A liderança com propósito vem de um lugar muito profundo: a decisão que você toma de assumir o lugar de protagonista da sua própria vida.

Você está pronto?

A liderança com propósito vem de um lugar muito profundo: a decisão que você toma de assumir o lugar de protagonista da sua própria vida.

Aline Liparelli

ANA PAULA BESSEGATTO

Ana Paula é *founder* e CEO da REALIZE | Gestão & Pessoas®, graduada em Psicologia, especialista em Psicologia Organizacional e Gestão Estratégica, Gestão de Pessoas e Liderança.

Sua expertise abrange Consultoria em RH, Treinamento para Lideranças e Recrutamento e Seleção.

Voluntária no NCE, envolve-se em iniciativas empreendedoras.

Coautora do segundo título, Ana Paula compartilhou sua experiência em colunas de revistas, programas de TV e *podcasts*. Buscou realizar *benchmarking* em empresas de renome, como Boticário, Volvo, Coca-Cola, Ambev, DASA, Itaipu e Scandalli na Itália.

São mais de 12 anos guiando organizações, potencializando lideranças e RHs de forma estratégica e autêntica. Ana é inspiradora e inovadora na área de gestão de pessoas e liderança.

anabessegatto

anapaula@realizerh.com.br

realizegestaoepessoas

+55 (46) 99923-7398

Realize | Gestão & Pessoas

@REALIZEGESTAOEPESSOAS

03 A BUSCA PELA AUTENTICIDADE NO MUNDO DA LIDERANÇA

Por Ana Paula Bessegatto

Embarcamos em uma jornada exploratória pela complexidade da liderança, transitando do cenário ideal à realidade desafiadora do cotidiano. Quando iniciei minha trajetória na liderança, me deparei com um sentimento avassalador de desorientação. Naquela época, cursava o primeiro ano de psicologia e havia decidido sair da casa dos meus pais aos 18 anos, mudando-me para uma nova cidade. Meu dia a dia envolvia o trabalho nessa empresa com cerca de 2 mil colaboradores durante o dia e as aulas na faculdade à noite.

Apesar de ter uma experiência profissional anterior, assumir responsabilidades em uma empresa de tal magnitude, liderando diversos projetos, representou um desafio que me instigou a reinventar-me e experimentar estratégias diversas. Recordo-me de passar madrugadas estudando temas relacionados à psicologia e liderança. Naquela fase, não permitia falhas em meu percurso e quando ocorriam, isso se transformava em um sofrimento. Ainda não compreendia plenamente a necessidade de me conhecer profundamente para desempenhar, com maestria, o papel de líder. Estava iniciando e a autocobrança que exercia me impulsionou a explorar e sair do que eu entendia como mundo ideal.

Ao refletirmos sobre como a liderança deveria manifestar-se na prática, mergulhamos no cenário ideal, onde os líderes são moldados por profundos treinamentos de autoconhecimento, compreendendo a importância de conhecer a si mesmos antes de guiar outros. Essa percepção surgiu para mim aos 22 anos, quando dei início a um processo de terapia e mergulho em mim mesma, iniciando uma jornada de autoentendimento. Em busca do desenvolvimento da minha inteligência emocional, empatia e compreensão dos mecanismos que utilizava para lidar com desafios, desvendando crenças enraizadas. Esse esforço visava, sobretudo, alcançar meus objetivos futuros de empreender e liderar.

Na busca pela compreensão prática de como a liderança deveria se desenrolar na realidade, adentramos o mundo ideal, onde um líder, antes mesmo de assumir sua posição, submete-se a treinamentos profundos de autoconhecimento. Este processo inclui a liderança sobre suas próprias emoções, sentimentos e comportamentos. A jornada continua com uma imersão na dinâmica dos times, compreendendo como indivíduos atuam e explorando suas histórias desde a infância, reconhecendo o impacto dessa trajetória em seus resultados.

O líder aprende a fornecer *feedbacks* construtivos e a basear sua comunicação em fatos sólidos. Seguindo essa sequência, ele adquire conhecimentos sobre resultados, desde a análise até a formulação, execução e cobrança eficiente da equipe. Contudo, poucos são aqueles que têm o privilégio de viver no mundo ideal.

Convido você a fazer desta leitura uma jornada construtiva, validando e explorando novas perspectivas de conceitos já conhecidos. Líderes não nascem prontos; aprenda a valorizar esse processo, buscar o desconforto, definir novos objetivos a partir deste livro e aprender a desaprender. William Glasser (1925-2013) afirmava que 95% do aprendizado concretiza-se ao ensinarmos os outros. Portanto, convido-o a anotar pelo menos um conhecimento adquirido nesse capítulo e repassar para mais dois líderes.

Para aqueles que já alcançaram esse nível de liderança, convido-os a continuar a busca incessante por aprimoramento diário, reconhecendo que um dos principais princípios de um líder é aceitar que nunca está totalmente pronto, agindo sempre com resiliência frente aos imprevistos e desafios. Boas mentorias podem ser a chave para elevar ainda mais seu desempenho e o de sua equipe, **um líder alcança seu ápice ao formar uma equipe com outros líderes.**

A narrativa se volta agora para os líderes do cenário **nada** ideal, aqueles que, sem aviso prévio, foram promovidos para liderar uma equipe, sem orientações eficientes ou treinamentos adequados, chamados de líderes que caíram de paraquedas na atividade. Para você, leitor, que se encontra nesse ponto da jornada, este capítulo oferece um guia de construção e evolução. Se já chegou até aqui, é sinal de que está ajustando a direção, e convido-o a continuar!

A abordagem agora é prática. Te convido para responder algumas perguntas desafiadoras: Como você enxerga sua liderança? Conhece-se verdadeiramente? Já explorou seus traumas inconscientes? Busca *feedbacks* construtivos de sua equipe e aceita a oportunidade de desenvolvimento? Qual é o seu medo mais profundo? Respondê-las pode não ser fácil, mas é crucial para o seu desenvolvimento. **A liderança, longe de ser glamorosa, frequentemente se revela uma jornada dolorosa e precisamos acessar o nosso eu mais profundo!**

Mergulharemos agora em uma situação prática: pense agora em um desafio que está enfrentando com um liderado. Como você abordaria o tema? Perguntas reflexivas e a aplicação eficiente de *feedback* podem ser a resposta. Este *feedback* é mais do que uma conversa; é um contrato entre você e o liderado. Comece destacando os padrões de destaque do colaborador, utilizando exemplos claros de sua credibilidade. Traga clareza ao contexto da situação conflituosa com exemplos específicos e, trabalhando sempre com fatos, abra espaço para soluções colaborativas. Assine esse "contrato" e promova autorresponsabilidade estabelecendo um plano de ação.

Ao atingir este ponto, é evidente que a liderança é uma escolha que acarreta desafios e aprendizados. O início desse percurso demanda uma profunda **autoconsciência**, manifestada através da autorresponsabilidade, autogerenciamento e da adoção de uma mentalidade de dono. A busca por mentores e treinamentos torna-se crucial, pois são eles que formulam as perguntas pertinentes e instigantes, impulsionando-o para fora da zona de conforto.

Em segundo plano, a c**ompreensão profunda da equipe** torna-se essencial. Aqui, adentramos a gestão de pessoas, uma camada que exige ferramentas assertivas para aplicar **feedbacks eficazes** e compreender as complexidades **das diferentes gerações** com as quais você se comunica. Este processo, por vezes desafiador, constitui a essência do desenvolvimento contínuo do líder.

A última camada dessa jornada é o **líder por resultados**, o líder de negócios. Independentemente do nível hierárquico, o líder tem uma grande responsabilidade nos indicadores da organização, visão de médio e longo prazo e compreende profundamente o mercado e o posicionamento da marca. Bons resultados surgem quando se tem uma equipe em constante evolução, e para isso, você precisará desenvolver outros líderes.

A liderança, portanto, é uma viagem incessante de autoconhecimento, compreensão da equipe e busca por resultados significativos e com propósito. Aqueles que escolhem trilhar esse caminho sabem que o verdadeiro desafio está em aprender a liderar com **coragem, compaixão e autenticidade**.

E nesse contexto vem a questão: a liderança é uma característica inata ou adquirida? Para desvendar essa incógnita, compartilharei um pouco sobre minha infância. De acordo com meus pais, desde os primeiros anos de vida minha energia era palpável. Engajada em diversas atividades simultaneamente, minha habilidade natural de inspirar e influenciar se destacava, especialmente nas brincadeiras, onde assumia a liderança e estabelecia as regras.

Aos 8 anos, já empreendia vendendo limonada à frente de casa e confeccionava pulseiras de missanga para comercializar. Participava ativamente de grupos tanto na escola quanto na igreja. Surpreendentemente, aos 11 anos, dei meus primeiros passos no mundo do trabalho, e aos 13, já atuava em uma clínica integrada, envolvendo três diferentes profissões. Contudo, esse indício isolado não é determinante. Como diz o ditado popular, "é preciso afiar a lâmina do machado".

Na prática, isso traduz-se no entendimento de que mesmo aqueles considerados líderes naturais necessitam de ferramentas para aprimorar suas habilidades. É um processo contínuo de evolução, permitindo que se tornem a melhor versão de liderança que podem alcançar.

E aqueles que não evidenciam de maneira clara esse perfil na infância, têm eles o potencial de se transformarem líderes? Embora os caminhos possam variar, a aspiração de transcender e liderar pessoas e processos dentro de uma organização torna viável o desenvolvimento de habilidades de liderança. Isso pode ser alcançado por meio de experiências práticas, participação em cursos, treinamentos e investimento contínuo em aprendizado.

Ninguém emerge como líder desde o nascimento, mas se torna um ao longo do tempo. A consistência na execução e os desafios enfrentados com coragem e superação moldaram seu percurso até aqui. Você possui todos os elementos necessários para se transformar em um líder.

Cada indivíduo detém uma capacidade singular, uma força intrínseca que, quando nutrida, lapidada e refinada, pode conduzir a conquistas inimagináveis. No entanto, faço aqui uma ressalva, um parêntese necessário: tudo na vida requer equilíbrio. Conheço muitos que se autointitulam grandes líderes, mas se perdem ao renunciar à humildade e empatia.

Líderes são moldados pelas pessoas que lideram e se estas não o reconhecem como líder, é válido buscar aprimoramento sem sacrificar os valores fundamentais. Melhorar diariamente mantendo valores saudáveis, mesmo em meio às demandas da liderança, é a chave para um caminho **consistente e autêntico**.

Cada indivíduo ocupa um lugar específico e desempenha um papel fundamental. Ninguém é dispensável, nenhum ser é trivial, e nenhum é ignorado. Cada pessoa contribui com suas habilidades únicas, e todos são apreciados. A função de cada um é cuidadosamente considerada, e cada indivíduo é responsável perante os outros.

Ser líder não é ter cargo, títulos, salário, poder, fama. O líder flutua com atitudes genuínas, autenticidade e uma visão alinhada aos valores e cultura da organização; esse é um ponto fundamental. Já presenciei muitos líderes excelentes que não conseguem operar em culturas ruins.

O líder de fato não nasce pronto, é ser humano, se coloca no papel de aprendiz todos os dias, se adapta aos desafios, mentaliza e vibra liderança e assumindo suas falhas.

(Referências bibliográficas ao final do livro)

A liderança, longe de ser glamorosa, frequentemente se revela uma jornada dolorosa, e precisamos acessar o nosso eu mais profundo!

Ana Paula Bessegatto

GIVENCHY

ANDRÉ MATHEUS SOARES

André Matheus Soares nasceu em dezembro de 1988. É mentor, especialista em comunicação, vendas empreendedorismo e natural de Flórida Paulista/SP.

Em 2007, por 5 anos foi campeão de vendas pela AmBev, anos mais tarde resolveu mudar e foi expandindo o horizonte e criou a empresa "Exclusiva - centro de negócios", e ficou por 12 anos consecutivos no auge.

Em 2014, comprou uma loja no Paraguai, a "República Sport". Em 2020, durante a pandemia, resolveu vender e em 2021 criou a "Imperador Import". Após 25 anos de experiência com vendas, virou a chave e criou "o Imperador das vendas", tendo como foco principal transbordar na vida de outras pessoas.

André acredita que o mais importante de tudo foi ter conhecido Jesus e que mesmo no deserto ou na terra prometida, Deus sempre se faz presente.

euimperadordasvendas

+55 (18) 98147-3738

euimperadordasvendas@gmail.com

04 RESILIÊNCIA E ADVERSIDADES: SUPERANDO DESAFIOS

Por André Matheus Soares

A resiliência é uma das características mais importantes de um líder promissor. Como a águia, ele deve ter a visão para enxergar além do horizonte e a coragem para enfrentar os desafios e como o leão, ele deve ter a força para liderar e a sabedoria para guiar. Com essas qualidades ele pode superar qualquer obstáculo e alcançar o sucesso.

Um líder promissor é aquele que tem a capacidade de inspirar e motivar sua equipe, ele é um líder visionário, com uma visão clara de futuro e sabe como alcançá-la. Ele é capaz de liderar pelo exemplo e é respeitado por sua equipe, na verdade, é aquele que está sempre buscando maneiras de melhorar e crescer. O homem é um líder que promove mudanças, ele é criativo cheio de ideias e não tem medo do novo. A liberdade de expressão, a ausência de controles rígidos e a oportunidade de inovar dentro do ambiente de trabalho são as suas principais motivações. Apesar de sua impaciência e falta de atenção, esse líder se encontra muito com o seu propósito de vida, quando sua carreira implica em tarefas que exigem criatividade e pensamentos "fora da caixa".

O homem águia é um líder que está sempre em constante evolução, está sempre buscando maneiras de melhorar e crescer tanto pessoal quanto profissionalmente. Ele é um líder que está sempre disposto a aprender e a crescer com a sua equipe. Houve um momento em que eu estava enfrentando uma situação difícil e me sentia sobrecarregado. Eu estava lutando para encontrar uma solução e me sentia desanimado, mas eu percebi que precisava mudar minha perspectiva. Em vez de ver a situação como um obstáculo, comecei a vê-la como um desafio. Eu decidi que iria superar essa adversidade e encontrar uma solução, comecei a pensar em metáforas para descrever minha jornada de superação. Uma metáfora que achei útil foi a de uma árvore.

Quando uma árvore é jovem, ela é frágil e pode ser facilmente derrubada por ventos fortes. Mas à medida que a árvore cresce, suas raízes se aprofundam na terra e ela se fortalece. Da mesma forma, eu precisava aprofundar minhas raízes e encontrar minha força interior para superar a adversidade.

Outra metáfora que achei útil foi a de um navio em uma tempestade. Quando um navio enfrenta uma tempestade, ele pode ser jogado de um lado para o outro pelas ondas. Mas se o capitão do navio permanecer calmo e focado, ele pode navegar com segurança pelo mar agitado. Da mesma forma, eu precisava manter a calma e a compostura para superar a adversidade.

Finalmente, eu percebi que a liderança também era importante na minha jornada de superação. Eu precisava liderar a mim mesmo e encontrar a coragem e a determinação para superar a adversidade. Eu também precisava liderar os outros e inspirá-los a encontrar sua própria força interior.

Espero que minha experiência possa ajudá-lo a superar seus próprios obstáculos e encontrar sua própria resiliência e liderança. Lembre-se de que a adversidade é uma parte inevitável da vida, mas como lidamos com ela pode fazer toda a diferença.

Em meio aos ventos impetuosos da existência, descobri que a liderança é como ser o capitão de um navio em alto-mar. A resiliência, minha fiel companheira, é a âncora que mantém nossa embarcação estável, mesmo quando as ondas ameaçam nos engolir. Como líder, sou o timoneiro desse navio. Minha bússola aponta para metas distantes, e minha tripulação confia em mim para traçar o curso certo. Mas, oh, como os ventos mudam! Às vezes, a tempestade se forma no horizonte, e é aí que a resiliência entra em cena. Nossas velas são feitas de resiliência. Elas se enchem com a força das adversidades enfrentadas e nos impulsionam adiante. Quando as ondas nos atingem, nossas velas não se rasgam; elas se ajustam, dançando com o vento.

A resiliência é a arte de dobrar sem quebrar. Às vezes, navegamos por mares traiçoeiros, onde os recifes estão escondidos sob a superfície. A resiliência, na verdade, é a nossa bússola interna, alertando-nos para os perigos invisíveis. Ela nos ensina a manobrar com cautela, a encontrar rotas alternativas e a persistir quando tudo parece perdido. Em noites escuras, quando as estrelas se escondem e as nuvens encobrem a lua, a resiliência é nosso farol. Ele guia nossa tripulação, lembrando-nos de que, mesmo nas trevas, há esperança. A resiliência nos diz: "Amanhã o sol nascerá novamente."

A vida é como o mar, sempre em movimento. A resiliência nos permite surfar nas ondas da mudança. Ela nos ajuda a nos adaptar, a aprender com as tempestades e a emergir mais fortes. Como líder, sei que minha tripulação também precisa dessa habilidade para enfrentar os desafios do dia a dia. O que eu quero dizer com isso? É simples, assim como capitão desse navio, abraço a resiliência. Ela é minha âncora, minha vela, minha bússola e meu farol. Com ela, enfrento os vendavais da vida, liderando com coragem e esperança. E, quando olho para o horizonte, vejo um futuro brilhante, onde a resiliência nos levará a terras desconhecidas e aventuras inesquecíveis.

Que todos nós possamos ser líderes resilientes, navegando com destemor e confiança, mesmo quando as águas se agitam e os ventos sopram contra nós. Eu sou como o leão, o rei das savanas. Minha juba é minha coroa, e meu rugido ecoa pelos vastos campos. Mas nem sempre fui tão majestoso. Houve tempos difíceis, momentos em que a fome apertava e a caça era escassa.

A resiliência é o que me manteve forte. Quando as presas escapavam, eu não desistia. Eu perseguia, persistia e aprendia com cada fracasso. As cicatrizes em meu corpo são testemunhas da minha luta contínua.

Hoje, olho para trás e vejo como a resiliência moldou minha vida. Ela me ensinou a enfrentar as adversidades com coragem, a levantar-me mesmo quando as forças pareciam esgotadas. Sou o leão resiliente, e minha história é escrita nas marcas da minha jornada.

Posso ser também como o lobo, um espírito livre das florestas. Minhas patas tocam a terra com destreza, e meus olhos perscrutam os horizontes. Mas há algo que me fascina: a águia, a rainha dos céus. A águia voa alto, suas asas cortando o ar. Ela enxerga além do que meus olhos podem alcançar. Às vezes, quando estou perdido na densa vegetação, olho para o céu e vejo a águia planando. Ela me inspira.

A resiliência da águia é incomparável. Ela enfrenta tempestades, ventos fortes e altitudes extremas. Seu ninho está no topo das montanhas, onde poucos se aventuram. Ela não desiste, não importa o quão difícil seja o caminho. Eu, o lobo, aprendo com a águia sempre.

A resiliência não é apenas sobre sobreviver, mas também sobre voar alto, alcançar o inalcançável. Somos diferentes, mas compartilhamos essa força interior que nos impulsiona.

Hoje, enquanto descanso à sombra de uma acácia, reflito sobre minha jornada. Sou o leão, o caçador destemido, mas também o sobrevivente resiliente. As cicatrizes em minha pele contam histórias de batalhas vencidas e derrotas superadas.

A resiliência não é apenas força física; é a capacidade de enfrentar a incerteza, a fome e a solidão. Quando a chuva cai, eu me abrigo e espero. Quando a presa escapa, eu não desisto. Amanhã é outro dia e eu continuo a lutar.

Minha juba pode estar desgrenhada, meus músculos cansados, mas meu espírito permanece inabalável. Sou o leão resiliente, e a savana é minha escola de vida. Também posso ser como a águia, a guardiã dos céus. Meu olhar aguçado enxerga além das nuvens e minhas asas me levam a alturas inimagináveis. A resiliência é meu dom, meu legado.

Quando as tempestades rugem, eu não me escondo. Em vez disso, eu enfrento os ventos, subo mais alto. Meu ninho está no topo da montanha, onde o ar é rarefeito e o silêncio é profundo.

O lobo observa-me da floresta. Ele é terrestre, eu sou aéreo, mas compartilhamos essa essência resiliente. Ele caça, eu voo, mas ambos enfrentamos os desafios da vida com coragem. Hoje, enquanto planava sobre os picos nevados, senti gratidão. Sou como a águia resiliente, e meu voo é uma ode à perseverança.

Mas, afinal, o que é a resiliência?

A **resiliência** é a capacidade de **voltar ao estado normal** após enfrentar situações adversas ou traumáticas.

No campo da **psicologia**, ela significa **resistência ao choque e à adversidade**. Essa habilidade envolve lidar com desafios, superá-los e seguir em frente.

Na área da **administração** e no mundo corporativo, a resiliência é a qualidade dos colaboradores flexíveis, aptos a se reinventarem, adaptarem-se e solucionarem problemas criativamente. A flexibilidade é fundamental para a resiliência, assim como os bambus centenários, que resistem à força do vento por sua flexibilidade, a resiliência humana envolve encontrar soluções para se adaptar às situações que fogem de nosso controle.

Em resumo, a resiliência é a capacidade de enfrentar e superar adversidades, transformando experiências difíceis em aprendizados e oportunidades de mudança. É a escolha de recuperar-se e seguir adiante, mesmo diante dos desafios da vida.

Ser resiliente é como ser uma árvore que não se quebra diante da tempestade, mas se adapta e se fortalece com ela. Ser resiliente é como ser uma flor que não desiste de florescer mesmo no deserto, mas busca a água e a luz que precisa.

Não deixe nada te parar, pois tudo na vida é aquiescência de Deus e tudo vem para nos ensinar.

Sou como uma águia, com olhos aguçados e asas fortes, capaz de voar alto e superar qualquer obstáculo. Sou único, inconfundível e resiliente.

André Matheus Soares

BÁRBARA CARDOSO

Meu nome é Bárbara Cardoso Santana, moro em Salvador/BA, cidade onde nasci. Cresci no interior da Bahia e voltei para capital aos 14 anos.

Sou casada com Luciano, um grande parceiro de vida que apoia meus projetos e está sempre incentivando meu crescimento. Deus me permitiu ser mãe de dois seres lindos, Bia e Davi, que são o impulso da minha busca diária em ser uma pessoa melhor. Honro meus pais, João e Luciene, que sempre acreditaram em mim.

Sou formada em Farmácia pela UFBA, empreendedora, mentora e coach, especialista em vendas e liderança. Acredito que, atualmente, meu maior propósito seja aprender e dividir conhecimento com pessoas que estejam em busca de desenvolvimento.

Amo estar entre a família e amigos, tomar um vinho e cozinhar. Sou uma pessoa de fé.

babicard

+55 (71) 98362-5555

Bárbara Cardoso

babicard@gmail.com

05 O PODER DA COMUNICAÇÃO NA CONEXÃO COM A EQUIPE

Por Bárbara Cardoso

Conclui a faculdade de Farmácia em 2005 e logo comecei a atuar no mercado profissional como farmacêutica hospitalar e, em 2006, assumi a coordenação de farmácia em um hospital da capital baiana. No ano de 2007, saí da assistência e entrei na área comercial (venda de dispositivos médicos) com um único objetivo: precisava juntar dinheiro para trazer minha filha para morar em Salvador comigo (na época, ela morava no interior da Bahia com meus pais). Por diversas vezes pensei em desistir, mas meu sonho era maior que qualquer dificuldade (ter minha filha perto de mim valeria qualquer sacrifício). Com o tempo fui me acostumando e hoje digo que trabalhar nesse segmento é "uma verdadeira cachaça".

Uma das coisas que mais me fascinava no trabalho, era um dia nunca ser igual ao outro. Os dias de trabalho sempre eram diferentes. A cada visita, a cada conversa, eu ia percebendo que aquilo me encantava, era extremamente desafiador. Falou em desafio, estou dentro. Antes de continuar a leitura, considere que o que está por vir não é uma receita de bolo, foi uma experiência vivida que me transformou como pessoa e profissional. Anseio te ajudar em algum momento da sua trajetória.

Em 2017, a empresa em que trabalhava me convidou para gerenciar a equipe de vendas. No primeiro momento, meu ego foi lá para cima. Por outro lado, sabia que seria extremamente desafiador. Na época não dividi com ninguém, mas existia uma insegurança que me corroía: a equipe me acolheria? Afinal de contas, nem tinha tanto tempo que eu trabalhava na empresa e lá havia pessoas muito mais experientes que eu. Não me senti segura e tão pouco preparada, mas também entendi que algumas pessoas viam em mim algo que nem mesmo eu percebia. Sendo assim, decidi aceitar o convite.

A minha insegurança em ser aceita pela equipe ou não (essa questão da aceitação foi algo que sempre me incomodou em muitos momentos da minha vida) permanecia pairando no ar. Em um momento de terapia (autoconhecimento é parte essencial no exercício de desenvolvimento de um líder), juntamente com o psicólogo, cheguei a uma estratégia: durante minha experiência de vendas, uma das coisas que eu sabia e executava com facilidade era criar relacionamentos. Adoro conversar, ouvir o outro, contar histórias. Então, por que não colocar em prática com a equipe o que eu fazia com os clientes?

Afinal de contas, quando não se gera conexão com o outro, também não se consegue construir uma relação de confiança. E se havia uma coisa que eu tinha certeza sobre liderança era: precisava confiar na equipe assim como eles precisavam confiar em mim para construirmos uma jornada de sucesso. Então, eu sabia que teria que criar um ambiente seguro para conquistar confiança, e para construir essa confiança, eu precisava gerar conexão. E o que eu faria para instituir essa conexão? Decidi então focar na comunicação.

Segundo o Dicionário Oxford Languages, a definição de comunicação é "ação de transmitir uma mensagem e, eventualmente, receber uma outra mensagem como resposta." Atualmente, no mercado profissional, uma das habilidades mais valorizadas é a comunicação. Como habilidade é treinável, investi nos treinamentos.

Fiz cursos, treinamentos, estudei (ainda estudo muito), li bastante e aprimorei em dar atenção ao outro. Era claro para mim que a conexão a ser construída naquele momento não era apenas com *feeling*, seria também necessária a utilização de técnicas e ferramentas. Foquei no autoconhecimento, não tem como querer entender do outro sem entender antes quem é você.

Treinei ouvir sem ruídos e interferências. Aprendi a transformar momentos simples em importantes. Mas quais momentos eram esses? Eu aproveitava todos os momentos. Desde encontros de *happy hour* até reuniões de *feedback* (dentro do processo da comunicação, o *feedback* foi extremamente desafiador para mim, contudo aprendi com Mariana Koch uma técnica chamada FASENICO, que foi um divisor de águas). Acredito que um dos pontos chaves no processo evolutivo de uma equipe em relação à conexão é o *feedback*. Aproveitava os encontros para identificar o que fazia sentido para cada um, o que era importante e o que gerava impacto.

Aprendi, antes de qualquer coisa, que deveria observar sem julgamento (aqui entra muito o autoconhecimento). Defendi a realização de reuniões mensais em equipe, onde as pessoas eram livres para falar, fazíamos dinâmicas, eles passaram a se sentir mais seguros. Nessas reuniões, utilizei muitas ferramentas de *coaching*, de cursos que havia feito e de livros que havia lido. Abro aqui um parêntese para falar da necessidade de atualização intelectual do líder, ela deve ser constante e frequente. O ser humano muda, logo o conhecimento também precisa de atualização.

Em cada visita a campo com um membro da equipe, eu não perdia a oportunidade de parar para tomar um cafezinho e conversar, ouvir, prestar atenção. Com o tempo, conheci o perfil de cada um dos componentes, o que era mais importante na vida deles, quais eram os seus valores e porque trabalhavam na empresa. Detalhe: nesses momentos, eu não apenas ouvia, eu também falava. Falava do que me deixava feliz e triste, quais eram meus objetivos, o que queria desenvolver, mostrava minhas vulnerabilidades e aí a magia acontecia... a conexão surgia. Existia uma conexão maravilhosa com todos? Não, com uns mais, com outros menos. Mas o que era gerado era o suficiente para atingir meu objetivo.

Nessa jornada, descobri que cada um tem uma linguagem e que era função minha conseguir me comunicar com os liderados de uma forma que todos entendessem a mensagem que estava sendo transmitida. Essa foi uma das minhas maiores dificuldades. Cada um ouve e interpreta do seu jeito, e era minha a responsabilidade de utilizar uma comunicação clara e transparente para que a mesma informação, de forma única e ao mesmo tempo individualizada, chegasse a toda a equipe. Passei a não só prestar atenção ao que diziam, mas ao que eu dizia e como eu dizia. Entendi que nos encontros individuais eu teria que acessar cada um de um jeito.

Comecei a conhecer os membros da equipe e deixava claro que meu principal papel era o desenvolvimento pessoal e profissional de cada um deles. Meu objetivo era ser uma ponte para levar cada um onde eles realmente gostariam de chegar.

Como nesse início meu principal alvo era criar essa conexão com a equipe, nossa relação era de transparência. Os projetos que idealizava eram todos divididos, não adiantava ser a detentora da informação se quem de fato iria para a execução eram eles. Então utilizei a comunicação como base para criar a conexão com a equipe. Cheguei à conclusão que com uma comunicação transparente e uma escuta ativa conseguimos criar uma conexão genuína e chegar a resultados incríveis com uma equipe. E por que, diante de várias técnicas para criar conexão, escolher a comunicação? Porque é através da comunicação que criamos o elo para a pessoa expressar seus sentimentos e pensamentos como ser humano. Quando falamos em comunicação, não é apenas a fala, aqui também podemos considerar os gestos e expressões corporais. O importante é entender o que realmente está por trás das palavras e das ações. É ficar atento ao outro, na essência.

Na construção dessa conexão com a equipe através de uma comunicação clara, objetiva, transparente e atenta, gostaria de ressaltar pontos que acredito que sejam de extrema relevância.

- A importância do desenvolvimento de autoconhecimento do líder. Ele ter a clareza de quem ele é, é essencial nessa jornada.
- Antes de qualquer coisa, devemos observar sem julgamento. Perceber o outro na essência, e sempre que um julgamento for percebido, deve-se avaliar se faz realmente parte do outro ou pertence a si próprio (sem o autoconhecimento não é possível fazer essa análise).
- Crie um campo de segurança, ouça ativamente. O outro entenderá que a relação que está sendo construída está pautada no respeito e na sinceridade, isso permite que o liderado se entregue.
- Depois que é criado o ambiente seguro, vem a parte da escuta ativa. Ouvir sempre com atenção. Por mais que as pessoas achem que o outro demanda ou fala demais, é importante entender o que há por trás daquela fala, e só percebemos isso quando ouvimos na essência, de verdade.
- É através da comunicação que expressamos nossos pensamentos e sentimentos.
- Seja claro perante suas decisões, atitudes, ações e escolhas.
- Construir relações verdadeiras e transparentes é a base de um relacionamento seguro, e quando a equipe se sente segura com seu líder, ela estará pronta para as maiores entregas.
- Liderança é entrega, é servir ao outro na construção da ponte para o seu desenvolvimento.

Se o que você leu nesse capítulo faz sentido para você, quero te fazer um convite. Pegue quatro *post-it* para colocarmos em ação um pouquinho da nossa conversa até aqui. Em três deles escreva três ações (uma ação em cada) que você pode começar a executar para alavancar a sua comunicação com a equipe. Coloque também uma data limite para execução de cada ação. No quarto *post-it* escreva um resultado que, se ocorrer, validará que você está indo no caminho certo. Caso você tenha interesse em dividir seu desenvolvimento e seus aprendizados comigo, estarei por aqui aguardando seu contato.

Toda essa experiência, que acabei de dividir com você, foi um processo construtivo de grande valor para mim, tanto como ser humano quanto profissional. Desejo que o seu movimento também seja de sucesso e aprendizagem. Ah! Não posso esquecer... lembre-se sempre: liderança é conexão.

Com uma comunicação transparente e uma escuta ativa conseguimos criar uma conexão genuína e chegar a resultados incríveis com uma equipe.

Bárbara Cardoso

BRUNA THALITA

Bruna Thalita é uma mente multipotencial. É advogada e historiadora por formação, mas empreender sempre foi sua grande paixão, por isso criou e desenvolveu empresas e equipes.

Seu maior case em liderança de equipes foi no desenvolvimento da Revista Revolution, uma revista digital voltada para o público feminino e foi onde ela desenvolveu o método que ensina em seu capítulo.

Atualmente, além de suas empresas, Bruna atua desenvolvendo eventos de *network* para mulheres empreendedoras e fomentando o empreendedorismo feminino no Brasil.

Bruna ainda é especialista em *branding*, posicionamento e estratégia digital, já tendo trabalhado com mais de 50 empresas em sua agência. Ela sempre amou desenvolver produtos e apresentá-los ao mundo, sua criatividade aliada à habilidade de *storytelling* fez com que o encontro com o marketing fosse um *match* perfeito.

bruna_thalita

06 CANALIZANDO O POTENCIAL CRIATIVO DA EQUIPE

Por Bruna Thalita

Você já imaginou liderar uma equipe criativa, altamente engajada e com um grande potencial, sem saber ao certo como canalizar todo esse talento para transformá-lo em algo verdadeiramente bem-sucedido? Foi exatamente assim que me senti ao perceber que havia pessoas confiando em minha liderança para dar forma ao que possuíam, mas que não sabiam como aplicar de maneira valiosa. Como líder, minha responsabilidade era guiá-las e transformar suas possibilidades em realidade. Enfrentar essa situação me fez compreender que não apenas o potencial da equipe estava em teste, mas também o meu próprio. Era necessário tornar-me verdadeiramente uma líder, não no sentido de saber exatamente o que fazer, mas sim de conduzir o time.

Lidar com uma equipe altamente criativa é um desafio significativo, pois a criatividade, por si só, pode se transformar em caos. No entanto, quando aliada à disciplina, objetivos claros e estratégia, a criatividade se converte em inovação, projetos sólidos e de valor. Para um líder, pode ser confuso e difícil lidar com tantos potenciais e direcioná-los para que cada indivíduo se torne uma ferramenta forte e bem aproveitada. Por isso, decidi compartilhar o método que desenvolvi na criação da Revista Revolution e utilizei para transformar o potencial criativo em algo único, novo e valioso.

Potencial criativo: da imaginação à ação

Em primeiro lugar, é importante ressaltar que o potencial criativo não é tangível, é algo imaginado. Podemos visualizar esse potencial como se víssemos meio embaçado, como uma possibilidade de se tornar algo que ainda não o é de fato. Assim como enxergamos vagamente a possibilidade de uma semente se transformar em algo grandioso, uma vez que em uma semente há diversas possibilidades, como: uma árvore, uma floresta inteira, diversos frutos ou servir de alimento, mas ainda não é nenhuma delas de fato. Contudo, por si só, o potencial não é nada; precisa ser plantado, desenvolvido e executado. Ter potencial é inútil se não for acompanhado por ação.

Após compreender que um amálgama de potencial criativo pode se transformar em algo incrível, mas também pode estagnar, é hora de desenvolver efetivamente esse potencial e criar um caminho para canalizá-lo em um projeto concreto.

Sou uma entusiasta da observação das pessoas, não com intuito de julgamento, mas para conhecê-las melhor. Busco identificar em cada indivíduo o que ele carrega consigo e como poderia contribuir, seja no ambiente de trabalho, na própria vida ou no mundo. Observar o time dessa maneira possibilita enxergar potenciais que nem mesmo os membros da equipe percebem. Essa abordagem pode transformar a produtividade do grupo e a realidade de cada pessoa envolvida. Assim, apresento o meu método prático para descobrir e canalizar potenciais na construção de um projeto e de uma equipe:

1) **Compreenda a cultura organizacional.** Se estiver em uma empresa, compreender a cultura organizacional na qual está inserido é fundamental, porque isso será importante na condução da sua equipe e manterá a harmonia com a empresa. Para quem está iniciando um projeto próprio ou já tem um negócio, é essencial definir a cultura desejada, evitando construir uma equipe desalinhada com os objetivos e valores do negócio, e acredite, isso é essencial para o sucesso da empresa a longo prazo.

2) **Defina objetivos claros.** Não é possível liderar um time para algo que você não saiba o que é, sem objetivos definidos. Mesmo que seja um projeto em construção, é crucial ter uma visão e objetivos claros. Se você não souber claramente quais são os objetivos da sua empresa ou do projeto que está liderando, para onde vai guiar esse time? Durante o processo de levantamento de dados para compreender como canalizar o potencial criativo da sua equipe, você precisa ter claro se estão plantando uma árvore, construindo uma floresta ou se as sementes servirão de alimento. É o mesmo potencial, mas os objetivos são totalmente diferentes.

3) **Observe o time.** Invista tempo em observar como o seu time trabalha, nesse tempo de observação você pode descobrir coisas preciosas a respeito de cada pessoa e do time completo. Você pode perceber que aquela pessoa que nunca se viu criativa pode ser uma fonte de ideias valiosas, e talvez aquela pessoa que não conseguia se destacar está na função errada e vai descobrir que o time ouve mais uma pessoa e que ela exerce uma influência importante sobre todos. Ao observar o time, busque deixar todos os seus pré- conceitos, tente se desfazer de suas ideias sobre as pessoas e sobre o time, e permita que a observação te dê novas perguntas e novas respostas.

4) **Invista tempo individual com cada membro da equipe.** O *um a um* tem um valor gigante quando se trata de desenvolvimento de potencial criativo. Chame cada pessoa individualmente para conversar, busque um ambiente mais descontraído como um café ou restaurante, não dê a sensação de que aquela pessoa está ali para um *feedback*, mas sim para que você a conheça melhor. Aqui, possivelmente você vai descobrir informações importantes e entender mais sobre os potenciais dela.

5) **Promova um ambiente de confiança.** Sabemos que uma das grandes dificuldades dos times é a confiança no seu líder e muitas vezes isso acontece porque o próprio líder não cria um ambiente que possibilite confiança, troca, respeito. Ter como valor a promoção de um ambiente seguro e de confiança dará liberdade para eles colocarem as ideias mais criativas em exposição para o time e isso trará tanto valor e possibilidades que a equipe poderá entrar em um nível importante de sinergia.

6) **Analise e cruze as informações.** Invista tempo analisando cada conversa com as pessoas da equipe e cruzando as informações que você retirou dali com as observações que fez quando estava apenas olhando o time; pode acontecer deles acharem que tem potencial para algo e você perceber que, na verdade, eles poderiam ser mais bem posicionados em algo que nunca pensaram, ou então você vai perceber que eles sabem exatamente onde se destacariam, mas nunca tiveram uma oportunidade. Aqui, você terá muitos *insights* importantes sobre o time e perceberá as oportunidades de reposicionamento e de descoberta de novos potenciais.

7) **Ouça as ideias de cada um e anote.** Você vai descobrir que sua equipe é muito melhor do que você sozinho e que se vocês pensarem juntos e se eles tiverem mais liberdade para trazer a criatividade deles para o time, vocês poderão se tornar uma equipe forte e realizar muito mais.

8) **Lide com seu ego.** Para canalizar o potencial criativo do time, você precisa estar disposto a estar nos bastidores, de forma que a equipe se destaque. Você não é a equipe, você é parte dela, exerce a função de liderá-la e não pode ser um líder infantil. Liderar uma equipe criativa é como ser um diretor, você dirige, mas eles são os atores. Então, deixe os atores brilharem!

9) **Tenha uma visão clara do projeto.** Entenda que, inicialmente, somente você está vendo o projeto, e por isso é necessário construir uma estratégia que mostre essa visão ao time. Pense nas pessoas como peças-chaves, pense na estrutura do que quer criar e onde cada um contribuiria melhor. O objetivo é o lugar onde se quer chegar, o bem maior.

10) **Tire quem não contribui ou quem pode ser um problema.** Tire quem é bom mas acaba com o time, e em alguns casos, mantenha quem ainda não contribui como poderia, mas é apaixonado pelo projeto e extremamente disposto. Com a saída de quem atrapalha e a reorganização do time, as pessoas que não performavam como esperado podem entregar muito mais. Eu sei como é doloroso tirar alguém bom, mas que atrapalha todo o time, mas, você não vai se arrepender por isso.

11) **Estabeleça processos flexíveis.** Em times voltados para a criatividade, a estrutura de processos rígidos dificilmente funcionará, o processo criativo precisa de flexibilidade e possibilidades maiores para, de fato, criar. Ter processos é fundamental em toda empresa, mas torná-los mais flexíveis é importante para equipes criativas. Seja chato apenas com o que faz diferença, com o que é importante.

12) **Fomente o desenvolvimento pessoal.** Poucas coisas são tão valiosas como o desenvolvimento pessoal e isso inclui várias atividades interessantes, desde o aprendizado contínuo, como a saúde, o exercício físico, o equilíbrio das emoções, a espiritualidade. Ter uma equipe que não é apenas criativa, mas que cada pessoa está em constante desenvolvimento é de grande valor porque esse time sempre terá mais a oferecer, a entregar.

13) **Elogie.** Ah se nem todo *feedback* fosse para indicar melhorias ou dizer onde o time errou, mas se também trouxéssemos uma cultura do elogio, de dizer como aquela pessoa contribuiu, como a presença dela faz diferença no time ou como você percebeu que ela se doou mais do que o esperado. Pessoas reconhecidas se mantém motivadas, com mais força e mais vontade de fazer. Muitas vezes, a recompensa que a pessoa espera é mais o reconhecimento do que um aumento ou um bônus.

14) **Avalie e melhore sempre.** Esse é o movimento mais óbvio da vida. De tempos em tempos precisamos parar, avaliar, fazer as mudanças necessárias e melhorar. Não é a constância de sempre fazer a mesma coisa, mas sim de sempre melhorar o que se faz que nos leva ao próximo passo. Não se trata de mudar os planos, mas de sempre reavaliar o planejamento. A adaptação contínua, não a rigidez, é o caminho para o progresso.

Liderar uma equipe criativa é um grande desafio, mas é muito satisfatório ver o que vocês podem criar juntos e os resultados concretos que podem ser extraídos de um potencial intangível. Tornar real o imaginado é uma grande experiência na arte da liderança, mostra o nosso potencial de direcionar o potencial dos outros, quanta responsabilidade.

Ao seguir esse método, é possível transformar o potencial criativo em resultados concretos, construindo uma equipe sólida e inovadora.

Liderar uma equipe criativa é como ser um diretor, você dirige, mas eles são os atores. Então, deixe os atores brilharem!

Bruna Thalita

CAMILA TAVARES

Sou Camila Tavares, nascida em Muzambinho/MG. No âmbito profissional, sou dentista, palestrante, escritora e mentora na área de Gestão Pessoas. Já no universo pessoal, me dedico à leitura e à escrita; atividades artísticas como dança e canto; viagens e muito mais.

Cresci em uma família amorosa, que sempre me incentivou a evoluir e me apoiou na realização de meus sonhos, e meu lema de vida desde a infância é: "O importante é ser feliz".

Considero como as duas maiores paixões de minha vida o conhecimento e as pessoas; e como líder, acredito que ainda que minha empresa não possua o selo oficial de um dos "melhores lugares para se trabalhar", é minha missão transformá-la no melhor lugar que minha equipe já trabalhou e no melhor ambiente que eu poderia criar e oferecer para os meus clientes, sendo construído diariamente sobre a base forte da humanização.

camilatavaresmentora

Camila Tavares

07 DELEGAÇÃO EFICAZ: CAPACITANDO MEMBROS DA EQUIPE

Por Camila Tavares

Por muito tempo, defendi a ideia de que o líder mais qualificado era o que mais se dedicava às atividades operacionais. Colocar a "mão na massa", para mim, era sinônimo de competência.

Neste capítulo, vou compartilhar com você como saltei de uma realidade em que delegar era sinônimo de fraqueza, para um cenário em que a delegação e a capacitação são vistas como as chaves para o sucesso empresarial. Vou também apresentar ferramentas para que você, líder de uma empresa de pequeno porte, consiga reproduzir esse salto na organização em que atua.

Minha vivência em ambiente organizacional se iniciou logo cedo. Por ser filha de dentistas que administravam seu próprio empreendimento, cresci em um universo empresarial odontológico, que me fez enxergar a figura do líder como a de um "dono de negócio" responsável por cuidar de tudo: desde a compra de materiais até o atendimento dos clientes. Mesmo sem entender nada de gestão, pude perceber que meus pais eram os que mais trabalhavam e se dedicavam para dar vida àquele lugar.

Devido à minha familiarização com a liderança e meu apreço pelas pessoas, era muitas vezes escolhida, desde a infância, para coordenar trabalhos escolares em grupo e me sentia confortável nessa posição. Mas, analisando atentamente aquela época, percebo que, na maioria das vezes, eu desenvolvia o trabalho sozinha e distribuía o que cada membro do grupo deveria apresentar em público. Ensinar outras pessoas sempre foi para mim uma paixão, mas, a meu ver, exigia mais tempo e energia do que simplesmente fazer.

Tudo mudou quando me graduei em Odontologia e iniciei minha atuação profissional na empresa de meus pais. Com a tendência de desempenhar as tarefas sozinha, sem delegar ou solicitar ajuda, senti o peso das responsabilidades aumentar gradativamente.

A princípio, desempenhei apenas atividades clínicas, como havia aprendido na graduação. Mas, aos poucos, me vi envolvida na Gestão de Pessoas e ocupar esse cargo - que era novo não apenas para mim, mas também para a organização - me trouxe pouca clareza de quais atividades eu deveria desempenhar e quais deveriam ser delegadas aos colaboradores.

Ocupando a liderança da equipe, me prendi à crença de que o líder deveria "dar conta de tudo" e por ser a "filha dos donos", o esforço excessivo para ser reconhecida pela minha competência e não apenas pela posição de meus pais, me levou, aos poucos, ao esgotamento físico, mental e emocional e travou minha atuação na gestão. Me tornei a "solucionadora de problemas oficial", e quanto mais a equipe aumentava, mais dependência por mim criava e mais eu me cansava. E quanto aos resultados? Apenas despencavam. Percebi, após muitos tropeços, que quando o maior foco do líder está em apagar incêndios, não sobra tempo para capacitar a equipe a solucioná-los ou até mesmo evitá-los.

Diante do desespero, investi em duas ferramentas que transformaram minha forma de vivenciar a gestão: a filosofia essencialista de Greg Mckeown e o MBA em Gestão de Pessoas da USP/Esalq. O Essencialismo me ensinou que mais importante do que fazer mais, é fazer as coisas certas, da forma correta. O MBA, por sua vez, me proporcionou os conhecimentos valiosos de que necessitava para reestruturar o modelo de Gestão de Pessoas da empresa, com foco em desenvolver competências e alcançar os resultados almejados.

Esse intenso fluxo de novas informações me fez encarar a seguinte realidade: mesmo se quiséssemos, não conseguiríamos desempenhar sozinhos e com excelência todas as atividades necessárias em uma empresa. Como não há tempo e energia para nos tornarmos competentes em tudo, nos cabe escolher a nossa parte e capacitar pessoas a fazerem a sua parte.

Se os líderes das organizações dedicarem todo o seu tempo às operações, em que momento terão novas ideias? Quando ensinarão a melhor forma de cumprir os processos? Quando serão capazes de acompanhar e refinar a execução? Minha intenção é que você enxergue este capítulo como um guia para obter muito mais tempo e energia para as coisas que realmente importam para você.

Meu convite é que você pare de fazer tudo e comece a focar nas atividades que de fato levarão sua empresa ao sucesso. E para isso, você precisa conhecer duas palavras: *delegar e capacitar*.

Delegar é transferir uma tarefa a outra pessoa, de forma intencional e clara, garantindo seu entendimento. Capacitar é fornecer à pessoa condições de desempenhar as atividades delegadas a ela. Para capacitar pessoas, David McClelland idealizou o tripé C.H.A., que pode ser descrito da seguinte forma:

Conhecimento - A base teórica. O que torna o verdadeiro conhecimento uma mercadoria rara é que não se pode encontrá-lo pronto em prateleiras, você precisa se dedicar para conquistá-lo e personalizá-lo de acordo com a sua realidade. Para obter conhecimento teórico, é necessário estar aberto e disposto a fazer isso, através de fontes do saber como livros, aulas e cursos.

Habilidade - O arsenal prático. Somente conhecer sobre um assunto não nos torna especialistas nele. É preciso ser capaz de extrair da teoria as ferramentas necessárias e apostar na vivência prática, para de fato se tornar habilidoso na execução.

Atitude - A ação. Sendo detentor do conhecimento sobre um assunto e possuindo capacidade de desempenhá-lo na prática, o último ponto é colocar em ação diariamente, saindo da inércia e partindo para o movimento. Agora que você aprendeu na teoria o conceito de delegar e capacitar, nos próximos parágrafos vou ensinar como colocá-los em prática, através dos "10 passos-chave da delegação e capacitação eficaz", idealizados por mim:

Preparação: para iniciar, você precisará de quatro folhas de papel na horizontal, com um risco traçado ao meio, dividindo-as em duas partes: uma folha de papel em branco e três canetas de cores diferentes. Se preferir, você pode realizar a atividade digitalmente.

Passo 1: na parte superior da primeira folha, coloque ao centro o título "Atividades vitais e singulares da empresa" e com a primeira caneta enumere do lado esquerdo as ações vitais da empresa, aquelas ações básicas que precisam ser realizadas para que seu negócio se mantenha "de pé".

Passo 2: ainda na primeira folha, com a mesma caneta, enumere do lado direito as ações singulares de seu negócio, que representam diferenciais e são responsáveis por encantar os clientes que têm contato com sua empresa, construindo uma reputação positiva e saudável para a organização.

Passo 3: na parte superior da segunda folha, coloque ao centro o título "Minhas atividades". Retorne à primeira folha e circule, com a segunda caneta, as ações vitais que você escolhe desempenhar, enquanto líder. Ao finalizar, transcreva do lado esquerdo da segunda folha as atividades vitais que foram circuladas na primeira folha.

Passo 4: retorne novamente à primeira folha e circule, com a terceira caneta, as ações singulares que você escolhe realizar, enquanto líder. Ao finalizar, transcreva-as do lado direito da segunda folha.

Passo 5: na parte superior da terceira folha, coloque ao centro o título "Atividades a serem delegadas à equipe" e transcreva do lado esquerdo as ações vitais que não foram circuladas na primeira folha, ou seja, as atividades que você escolheu delegar aos colaboradores de sua empresa.

Passo 6: do lado direito da terceira folha, transcreva as ações singulares que não foram circuladas na primeira folha, ou seja, as demais atividades que você escolheu delegar aos colaboradores de sua empresa.

Passo 7: ainda na terceira folha, escreva na frente de cada atividade que você escolheu delegar o responsável por executá-la, ou seja, o membro da equipe que será designado para desempenhá-la.

Passo 8: na parte superior da quarta folha, coloque ao centro o título "Capacitação e contratação de colaboradores" e transcreva do lado esquerdo da folha as competências que os colaboradores deverão adquirir ou aprimorar para executarem adequadamente as atividades delegadas. Ao finalizar, liste do mesmo lado ideias de treinamentos específicos por competência a ser adquirida. Lembre-se de usar a criatividade e apostar em dinâmicas e atividades lúdicas, que intensificam o aprendizado.

Passo 9: reflita sobre sua equipe atual, e avalie a necessidade de contratar novos colaboradores para um correto desempenho das atividades. Escreva no lado direito da quarta folha quantos membros serão contratados e quais atividades desempenharão.

Passo 10: na parte superior da quinta e última folha, coloque ao centro o título "Plano de ação". Divida a folha nos 5 dias úteis da semana e estabeleça períodos e horários específicos para delegar as tarefas, realizar os treinamentos e acompanhar as atividades. Durante a execução, se interesse genuinamente pelos colaboradores e construa um ambiente aberto ao esclarecimento de dúvidas e fornecimento de sugestões, visando o aprimoramento individual e coletivo contínuo.

Seguindo esses 10 passos, você será capaz de responder a 5 importantes perguntas:

- Quais as atividades vitais e singulares de minha empresa?

- Quais delas escolho realizar?

- Quais delas opto por delegar?

- Para quem irei delegar as atividades?

- Quais competências precisarão ser desenvolvidas para que as atividades sejam realizadas com excelência?

Com essas respostas bem definidas, você poderá se dedicar às atividades estratégicas, próprias dos líderes eficazes, enquanto um time construído sobre as bases fortes da delegação e da capacitação desempenha as atividades da linha de frente.

Colaboradores felizes atingem os melhores resultados, mas, para isso, precisam de líderes felizes. Líderes que sabem o que querem e escolhem compartilhar seu conhecimento com outras pessoas, ao invés de guardá-lo apenas para si.

Você merece ser esse tipo de líder, que não tem medo de delegar e capacitar outras pessoas, e se orgulha dos resultados que seus aprendizes obtêm.

Lembre-se sempre de que ter as competências para desempenhar atividades é muito gratificante, mas, capacitar outras pessoas no desempenho de suas funções proporciona uma sensação única de satisfação.

Não há tempo e energia para nos tornarmos competentes em tudo. Nos cabe escolher a nossa parte e capacitar pessoas a fazerem a sua parte.

Camila Tavares

CARLA ANCELMO

Sou Carla Ancelmo, natural do Ceará, resido em Aracati/CE e moro com minha família: meu esposo Túlio Uchôa, com quem sou casada há 23 anos e meus filhos Caleb e Talles.

Sou mentora, palestrante, psicóloga com especialização em Psicologia Organizacional, especialista em análise do comportamento, sou embaixadora do movimento de mulheres empreendedora, o "Mulheres de Sucesso", e sou cristã há 14 anos.

Acumulei mais de mil horas de atendimentos em grupos, e individuais, guiando dezenas de mentoreados entre empresas dos mais diversos segmentos, escolas, universidades no Vale do Jaguaribe.

A minha história de sucesso nem sempre foi assim. Superei grandes desafios com muita fé em Deus e trabalho árduo. Mostrei que é possível mudar a própria vida com o autoconhecimento e com o que Deus me deixou de talento: a arte de desenvolver pessoas.

carlaancelmo

+55 (88) 99850-0942

08 DEFININDO METAS E OBJETIVOS: ESTABELECENDO UM RUMO CLARO

Por Carla Ancelmo

Costumo dizer que não escolhi a liderança, a liderança me escolheu, foi 100% vivencial. Desenvolvi uma visão clara e positiva de futuro, onde parecia tudo escuro. Vejam bem, nasci em uma família muito humilde de recursos financeiros, no interior de minha cidade, muito cedo aprendi a tomar decisões difíceis para a minha pouca idade, não aceitava aquela realidade, de muitas vezes não ter o que comer, me vestir do que recebia dos outros, enfim, nunca foi ingratidão, mas algo dentro de mim dizia que nasci para ter dias melhores, usufruir de uma vida próspera.

Por volta dos meus 7 anos, tive que deixar a casa dos meus pais no interior e morar na cidade com os meus parentes para estudar, onde foram surgindo mais desafios e entre tantos, as noites eram as mais desafiadoras, quando todas as luzes apagavam, lembrava da minha família, ali chorava até dormir. E foi assim por muitas noites, por mais que fosse muito simples a minha casa de origem, tinha muita vontade de voltar. E sem muito conhecimento de que para realizar algo, seria necessário persistência e disciplina. Se conseguisse superar a saudade e falta de meus pais, viveria dias melhores. Para superar qualquer dor, um objetivo claro na minha mente: só queria ser uma filha que meus pais se orgulhassem e ser referência para minhas outras três irmãs.

Os anos passaram, consegui trabalho logo que terminei meus estudos, em uma das melhores lojas da minha cidade, onde iniciei como vendedora. Fui do setor de compras, supervisora de algumas unidades da mesma empresa, até me tornar líder, por aproximadamente duas décadas, onde aprendi muito. Agora, como mentora de líderes, posso compartilhar os desafios e desenvolvimentos da liderança, o passo a passo com metas e objetivos constantes, estabelecendo um rumo claro.

Segundo a frase do filme que gosto muito, Alice no país das maravilhas, "se você não sabe aonde chegar, qualquer lugar serve". Para não correr o risco de chegar em um lugar desagradável, é preciso **estabelecer metas e objetivos** e depois trabalhar para alcançá-los. Mas antes disso, é importante deixar clara a importância desses conceitos. **Objetivo** é o propósito de se realizar alguma coisa, ou seja, é o guia que determina aonde se quer chegar. **meta**, por sua vez, é o objetivo quantificado. Ex.: **Objetivo**: crescer meu blog; **meta**: aumentar o tráfego orgânico em 150% até o final do semestre. Ser específico.

Por vezes ficava sonhando e não tinha nem ideia como alcançar o que vinha nos meus pensamentos. Um dia, vi o documentário do famoso empreendedor Elon Musk, CEO da Tesla, que tem uma meta de colonizar Marte em um determinado momento. Ninguém o impediu de ter estabelecido planos para isso. No momento, não sabemos ainda se isso acontecerá de fato.

Saber a definição de uma meta, portanto, não assegura que ela será atingida e isso pode gerar muita frustração. Por outro lado, sem nenhuma meta, é pior ainda. Por isso, preparei um guia da liderança, passo a passo, para você começar ainda hoje tirar seus objetivos do papel. Vamos lá?

1 - Tomada de decisão

Confesso foi uns dos maiores desafios que encontrei na liderança por anos. Achava que o modelo que usava para liderar uma pessoa seria igual para todos. Comecei a me perguntar: como minha decisão vai impactar o trabalho dos colegas? A minha decisão corresponde aos valores da empresa? Estou sendo ética ao tomar essa decisão? De que forma essa decisão impacta nas minhas metas e objetivos?

Se você revisar todas as competências de um líder, verá que os tópicos relacionados às decisões influenciam praticamente todas elas. Durante um dia, não parece, mas o líder toma milhares de decisões - algumas simples e fáceis e outras em que exigem mais habilidade de negociação, são capazes de transformar vidas. E onde o líder pode se inspirar e procurar cada dia se desenvolver para tomar corretamente as decisões? Ele pode ter ajuda de mentores, amigos, livros, filmes etc. Isso é muito válido, mas eu também recomendo que ele se inspire em Deus e procure orientação bíblica. Eu vejo a Bíblia como o maior e melhor livro sobre liderança que existe, e recomendo que você também se inspire nos exemplos lá citados para poder exercer hoje a verdadeira liderança humanizada. Liderança humanizada que muito se fala hoje, mas foi praticada há muito tempo pelo maior de todos os líderes que já existiu: Jesus Cristo.

Liderar é uma decisão que só você pode tomar.

2 - O poder da imaginação

Napoleão Hill enfatizava que a imaginação desempenha um papel crucial na busca pelo sucesso, enquanto a liderança emerge como um dos principais ingredientes para conquistar os resultados. Hill também fala que os seres humanos têm fraqueza de imaginação, mas esse sempre foi meu ponto forte, sempre imaginei viver uma vida que estava longe da realidade que eu vivia, até hoje é assim. Tudo que realizei, do mais simples ao extraordinário, passava horas imaginando, visualizando, verbalizando como iria ser, pessoal e profissionalmente. Todos os anos faço o exercício que aprendi no Método CIS, o mural da vida extraordinária (ferramenta importante).

A liderança que estabelece rumo claro não é apenas um conjunto de comportamentos que dizem a respeito das métricas, de gatilhos para estimular liderados e preocupações com objetivos. Ela também é uma atividade artística e imaginativa. Exemplo disso, Steve Jobs usou o Next para mostrar para o mercado que o público também iria querer belos computadores (e não apenas computadores funcionais), o que viabilizou, anos mais tarde, o *design* esguio, elegante e apelativo do iPhone. É dever também do líder imaginar o que é necessário para conseguir e avançar.

Como líderes, devemos montar o palco dessa história para criar um futuro melhor para as nossas organizações, temos que imaginar como esse futuro será e como chegaremos até lá. E não se faz isso sem uma boa dose de imaginação.

3 – Disciplina

Minhas experiências de vida pessoal e profissional com essa competência não foram das melhores, aprendi com os erros a desenvolver a disciplina, mesmo porque nunca tive esse objetivo claro bem estabelecido; sem falar que muitas vezes quis ir por caminho mais fáceis, onde me desviava das regras e sempre foi muito pior tentar contornar. Ao logo do caminho, trabalhei arduamente para adquirir uma alta performance na disciplina e poder colher os frutos mais doces.

O meu maior mentor nessa competência foi o CEO Antônio Guerra, do Grupo Guerra. Disciplina era um dos principais valores de suas empresas, quem era contratado ou desenvolvia ou não permanecia. Muitos dos colaboradores saíram e eu permaneci por 16 anos e aprendi.

A disciplina é a ponte que liga nossos sonhos às nossas realizações.

"Como eu posso me tornar um líder melhor?" e minha resposta é sempre a mesma: liderando! Porque não existem líderes perfeitos, mas tampouco existem líderes que não estejam em aperfeiçoamento. Somente a vontade, a disciplina, a dedicação, o aprendizado contínuo e a autoliderança é que permitirão ao líder crescer e deixar de lado a antiga ideia de que "é possível avançar com aquilo que já sabe".

O bom líder é aquele que escuta as pessoas, que procura ser empático com elas e compreende seus valores e ideais, que reconhece seus erros e pede desculpas quando necessário, que procura flagrar as pessoas fazendo algo certo e as reconhece por isso, que agradece quando recebe *feedbacks*, ainda que negativos, que sabe delegar, que pratica *feedbacks* sinceros com sua equipe, que usa o erro como oportunidade de aprendizagem, formando pessoas e profissionais autônomos e resilientes.

Por isso, desafie a si mesmo, tenha a **disciplina** necessária para substituir hábitos antigos por novos, que o farão não apenas um líder melhor, mas um ser humano cada dia mais realizado.

4 - Trabalhe o autoconhecimento

Percebi a importância do autoconhecimento quando iniciei minha faculdade de psicologia, tudo começou a fazer sentindo na minha vida e na empresa, com minha equipe. Entender seus pontos fortes e como utilizá-los a favor de sua forma de liderar é tão essencial quanto conhecer as características que podem ser aperfeiçoadas para melhorar ainda mais a sua liderança.

Os impactos trazidos pela pandemia afetaram fortemente as relações profissionais e foi nesse cenário que tomei a decisão mais difícil de minha vida:

largar anos de dedicação, amor pelo que fazia, desenvolvimento constante como líder, para me dedicar exclusivamente aos meus filhos. Logo percebi que fazia parte de um novo ciclo, já inserido no processo de autoconhecimento. Não existe um caminho único que deva ser trilhado para que possamos ter mais conhecimento de nós mesmos, mas certas perguntas fazem parte deste processo: **O que te motiva profissionalmente? O que você sabe fazer muito bem? Qual sua maior limitação? O que você precisa melhorar? Qual legado você quer deixar?**

Estes questionamentos darão início a uma reflexão sobre aquilo que somos, aquilo que queremos e o impacto na nossa vida, as respostas fizeram toda diferença na minha. Por isso, o autoconhecimento é essencial para formar líderes de excelência, hoje vivo de uma escolha que fiz através do processo de autoconhecimento, usufruindo do trabalho de mentoras para líderes, através do que DEUS me deu de talento, a arte de desenvolver pessoas.

Se você chegou a concluir esse capitulo, é porque você está realmente interessado em realizar coisas importantes na sua vida. Então, comece agora, não dê mais desculpas, permita-se fazer um pouco a mais e realmente transcender a atual frustração por autoconfiança, autoestima e autorrealização, que é tão importante. **Como você vai se sentir? Quando você tiver realizado tudo isso, o que isso vai te proporcionar? Relate em duas linhas**:

____

____

Estamos juntos nesta jornada!

Liderar é uma decisão que só você pode tomar

Carla Ancelmo

CARLA DANIELA SILVA

Sou Carla Daniela Silva, do estado do Paraná. Mentora, atuo no desenvolvimento de líderes que desejam ter o reconhecimento profissional na sua área de atuação de forma rápida.

Sou contadora de formação, sinto uma grande paixão por essa profissão que me levou a alçar os mais altos voos na minha carreira dentro de grandes empresas. Atuei por mais de 20 anos nessa área, sempre dentro do mundo corporativo e sempre liderando equipes.

A minha jornada profissional começou desde muito nova, com anseio maior de transformar a minha realidade através do trabalho digno. Superei grandes desafios e provei que é possível ser realizada profissionalmente, quando acreditamos em nosso potencial, basta ter um desejo forte de crescer, ter atitude e perseverança.

carladanielys1
carladanieladpa
Carla Daniela Silva

09

MENTORIA E DESENVOLVIMENTO DE TALENTOS: CULTIVANDO FUTUROS LÍDERES

Por Carla Daniela Silva

Nascida em circunstâncias desafiadoras, minha jornada começou cedo, quando a vida me lançou à frente de responsabilidades. Aos 14 anos, perdi meu pai de maneira trágica, deixando-me, junto com meu irmão mais novo, sob os cuidados da minha mãe, até então dona de casa. Diante da adversidade, vi minha mãe assumindo o desafio de trabalhar em uma serraria, enquanto eu me vi encarregada de cuidar da casa e do meu irmão.

Inconformada com a imagem diária da minha mãe partindo de bicicleta, levando consigo uma garrafa de café e uma marmita, decidi que a vida tinha mais a oferecer. E com uma vontade inabalável de aprender, fui motivada a buscar oportunidades para iniciar a minha própria jornada em direção a minha carreira profissional.

A chance surgiu quando uma colega de escola me indicou para uma posição temporária de telemarketing em uma grande loja da cidade. Fui, por indicação dela, falar com o gerente da loja. Eu queria muito aquele trabalho, era uma oportunidade de mostrar para ele que eu estava ali pronta para o que precisasse na loja. Então ele me deu uma breve explicação como funcionava o telefone e o que eu tinha que falar quando a cliente atendesse, me apresentar e convidar para o dia da promoção. Ele virou as costas e foi para a loja. Comecei as ligações, na primeira foi muito robotizada, um pouco com vergonha, para ser sincera foi muito ruim. Me senti um pouco constrangida, parecia estar perturbando a cliente.

As clientes atendiam e apenas diziam: "Tá bom!". Eu não estava me sentindo confortável com aquela maneira de trabalhar, não queria que o gerente aparecesse e me visse agindo daquela maneira, não iria ser uma boa impressão.

Rapidamente, coloquei entusiasmo ao ligar para as próximas clientes e comecei a estabelecer uma conexão genuína, iniciando as chamadas com um caloroso "Como você está?", as pessoas tendem a gostar de quem se preocupa com elas; fui interagindo muito mais com as clientes e envolvendo-as em conversas breves, algumas passavam horas conversando.

Essa nova abordagem transformou completamente a dinâmica do trabalho, fez com que muitas clientes fossem até à loja perguntando por mim. O gerente ficou chocado. Esse aprendizado consolidou minha posição na empresa, me proporcionou uma contratação efetiva, era tudo o que eu queria e precisava. Esse momento foi um divisor de águas, eu compreendi a importância e o poder de uma conexão, da empatia e da atenção genuína às pessoas, e também pela vontade que eu tinha de fazer o meu melhor.

Já contratada e com meus novos colegas, continuei a usar essa mesma sabedoria que havia dado certo com as clientes, precisava da colaboração deles para me ensinarem, quanto melhor o relacionamento com eles mais eles tinham boa vontade para me ensinar. Eu posso chamá-los de meus primeiros mentores, porque já estavam há anos trabalhando, já tinham passados por muitas situações e o que aprenderam com elas, me aconselhavam, mostravam o caminho mais certo, curto e com menos sofrimento; quanto mais demonstrava interesse, mais eles gostavam de me ensinar. Sinto muito orgulho em contar essa história, porque foi aqui que minha trajetória profissional começou.

Ao longo do tempo, mais experiente, fui aproveitando novas oportunidades de trabalho em outras empresas, e percebi um grande problema que tinha em todas, sem exceção: testemunhei a dificuldade de líderes em conduzir equipes de forma eficaz, líderes que não tinham o respeito pelos seus liderados, não tinham autoridade alguma com eles, e a consequência era líderes frustrados, inseguros e infelizes.

Muitos profissionais desejam avançar em suas carreiras, anseiam por remunerações mais altas e almejam o reconhecimento profissional. Profissionais que, dotados de habilidades técnicas, acreditam que tal competência é suficiente para liderar e comandar equipe. Por terem um certo tempo "de casa", são promovidos por suas habilidades técnicas e na maioria das vezes não conseguem dar conta do recado. Nessa promoção de líder, se sentem totalmente perdidos, confusos e isso vai gerando insegurança, ansiedade e não conseguem ter sucesso nessa nova oportunidade. E o dilema é agravado pelas crenças limitantes também, líderes que não tem a mente aberta, que estão enraizados em crenças, vão limitar seu crescimento profissional, vão dificultar e atrasar seu desempenho.

Como uma boa observadora, vi que esses líderes estavam tendo muita dificuldade em sua liderança, que se tivessem um apoio de alguém que os entendessem e pudesse ajudá-los, seria muito mais fácil.

Foi então que comecei a refletir sobre como ajudar essas pessoas e decidi tornar a mentoria uma estratégia profissional. Diante desses desafios e após 20 anos de carreira em cargos de liderança, tornei-me mentora de líderes, buscando orientar aqueles que enfrentam obstáculos na liderança.

O cenário empresarial está cada vez mais dinâmico, surgem grandes necessidades de líderes para comandar equipes de trabalho e está difícil encontrar líderes que se desafiem em liderar pessoas, mas justamente porque não tem uma preparação para ajudá-los nesse desafio. A mentoria oferece esse suporte, compartilhando aprendizados e estratégias eficazes.

Minha transição para mentora de líderes foi motivada pela percepção de como a falta de apoio prejudica tanto líderes quanto empresas. O investimento em mentoria é, portanto, um caminho essencial para cultivar futuros líderes e garantir o sucesso empresarial.

Desenvolvendo a cultura de líderes

Um grande líder está sempre formando novos líderes, inclusive umas das grandes missões de um líder é preparar e cultivar novos, é uma profunda responsabilidade de cada líder cultivar e formar os líderes do amanhã. É uma nobre missão preparar o terreno para as gerações seguintes. O líder, depois de ter dominado as habilidades de liderar pessoas, não deve achar que é o fim da sua jornada, mas apenas o começo de uma nova fase, a de preparar seus liderados, uma vez que estes já o respeitam e se inspiram em você, nas suas atitudes, tem você como exemplo a seguir, é onde eles veem a luz que ilumina o caminho para os que estão prestes a seguir. Aí, nessa fase, você passa a dar mentoria para seus liderados, se tornando um mentor de líderes.

De fato, um mentor leva consigo uma missão contínua de moldar e inspirar, de cultivar os líderes do futuro e, por meio deles, obter um legado duradouro dentro das organizações e da sociedade como um todo. É uma grande forma de deixar o seu legado, inclusive, e ser sempre lembrado com carinho e admiração.

A solução para esse problema latente pode ser a antecipação e a implementação de programas de mentoria. É vital que empresários compreendam o papel crítico desempenhado por mentores na preparação e capacitação desses líderes, responsáveis por decisões estratégicas e pela liderança de pessoas na busca incessante pelos melhores resultados. Empresários que reconhecem a importância de formar líderes promovem um ambiente de aprendizado contínuo e são os verdadeiros vencedores nesse jogo corporativo. Ao investir em programas de mentoria, eles não apenas conseguem reduzir consideravelmente a perda de talentos valiosos, mas também criam uma cultura organizacional que valoriza o desenvolvimento profissional.

E para os profissionais, sejam eles líderes em ascensão ou aspirantes a cargos de liderança, a busca por essa preparação é igualmente essencial. Se você trabalha em uma empresa em que o dono não investe nesse tipo de apoio, busque você essa ajuda, é um investimento para você. Ter um mentor é aprender com aqueles que já trilharam o caminho. O mentor atua como conselheiro sábio, proporcionando orientação baseada em experiências reais, oferecendo uma visão estratégica e, acima de tudo, compartilhando lições valiosas aprendidas ao longo do caminho. Essa sabedoria prática não apenas encurta o caminho até a liderança, mas também oferece *insights* valiosos sobre como equilibrar a experiência técnica com as habilidades interpessoais cruciais.

Minha jornada, marcada por desafios após a perda do pai, impulsionou meu crescimento. Já na primeira experiencia no mercado de trabalho, aprendi o poder das conexões humanas. Descobri que liderança vai muito além de ser um chefe, mas de impactar vidas. E que mentores aceleraram minha jornada e agora eu compartilho essa experiência, inspirando outros a verem desafios como oportunidades.

Quando me tornei líder, enfrentei muitos desafios, onde mentores se tornaram essenciais, como uma boa aprendiz tentei absorvei o máximo com cada um deles que passaram na minha vida. Eles agem como alavancas, proporcionando segurança, o que reflete na harmonia com a equipe. Investir em mentoria é plantar sementes para uma colheita produtiva e torna a jornada menos solitária. Mentores estão ali para te dizer a direção, mas também promover o autoconhecimento, revelando em você potenciais adormecidos.

É inegável que a mentoria contribui para marcar uma liderança indelével, inspirando outros a seguirem esses passos. Está ganhando força, proporcionando crescimento rápido e seguro. Essa consciência abre portas para oportunidades, onde líderes além de conduzirem equipes, também se tornam fontes de inspiração.

E agora eu quero fazer algumas perguntas que podem abrir portas para sua transformação: Se você pudesse moldar não apenas sua carreira, mas também inspirar outros? Quem são seus mentores? Que tal investir em sua jornada com a sabedoria de quem já trilhou o caminho?

A mentoria é a chave para desbloquear seu potencial e acelerar sua jornada, invista no desenvolvimento, busque mentores. Que esta reflexão sobre mentoria inspire você a trilhar um caminho de crescimento profissional e pessoal. Seja o líder que molda o futuro e deixa um legado duradouro. O seu sucesso começa com a decisão de investir em si mesmo e no desenvolvimento dos líderes ao seu redor.

Desperte o líder que há em você!

Mentoria é transmitir conhecimento, é liberar o potencial de cada indivíduo, é transformar profissionais em líderes visionários.

Carla Daniela Silva

CLÁUDIA BARROS

Cláudia Barros é formada em Administração de empresas, pós-graduada em Liderança, Neurociência, Psicologia Positiva e Coaching. Doutoranda em Ciências Empresariais e Sociais. Atua há mais de 25 anos na área comercial, liderando times comerciais. Há 4 anos, atua como consultora, treinadora e palestrante empresarial.

Autora dos livros: "Quem paga seu $alário é o cliente. Encante-o!", já publicado, e a ser publicado: "Liderança Eco-LÓGICA. A LÓGICA? Cuidar das pessoas e do planeta para gerar re$ultados sustentáveis." Coautora do livro: "Elas na liderança".

Idealizadora do *podcast* e canal no YouTube: "Mulheres LÓGICAS se empoderam", onde entrevista mulheres com histórias inspiradoras.

Autora de duas músicas: O Rock da liderança / A LÓGICA da venda.

claudiabarrosdradasempresas
mulhereslogicasseempoderam
+55 (32) 9118-4405
mulhereslogicasseempoderam
maria.barros1078@gmail.com

10 AUTOCONHECIMENTO: A BASE PARA UMA LIDERANÇA EFICAZ

Por Cláudia Barros

"O líder que cuida do seu EU conseguirá perfeitamente cuidar do NÓS."

Uma das competências mais valorizadas e necessárias no mundo atual é a liderança eficaz, que consiste na habilidade de inspirar, influenciar e mobilizar as pessoas para alcançarem um objetivo comum, de forma ética, responsável e sustentável. Essa competência é essencial diante de um mundo tão transformacional que apresenta desafios complexos e dinâmicos, em especial para as lideranças atuais.

Um líder eficaz não é aquele que apenas dá ordens ou delega tarefas, mas aquele que se preocupa com o seu próprio crescimento e o dos outros. Uma frase que ilustra bem essa ideia é a de Jack Welch, ex-CEO da General Electric, que disse: "Antes de você se tornar um líder, o sucesso é se preocupar com o seu próprio crescimento, depois que você se torna um líder, o sucesso é fazer os outros crescerem".

Para fazer os outros crescerem, o líder precisa conhecer a si mesmo, suas forças e fraquezas, seus valores e crenças, suas motivações e emoções. O autoconhecimento é a base para uma liderança eficaz, pois permite que o líder reconheça suas potencialidades e limitações, e que busque melhorar suas habilidades e competências. Favorece a tomada de decisão, a comunicação assertiva, a resolução de conflitos e outros aspectos importantes para uma boa liderança. Visto que liderar é a capacidade de fazer o outro crescer, para isso, é preciso que o líder cresça primeiro. E o caminho para esse crescimento começa pelo autoconhecimento. A arte de se conhecer melhor é uma competência essencial para o crescimento pessoal e profissional, pois nos ajuda a ser mais conscientes de nós mesmos e dos outros, e a fazer escolhas mais coerentes com nossas metas e propósitos.

Em uma palestra que assisti do Murilo Gun, ele disse: "Cuida do teu TU, pois aonde TU for, tem TU. Se você não cuidar do teu TU, aonde você for espalhará o seu barulho interno nos outros e nem você mesmo vai aguentar o teu TU." Fantástico! Simples assim.

Indubitavelmente, o autoconhecimento desempenha um papel central em várias dimensões de nossas vidas, destacando-se de maneira significativa no contexto da liderança. Essa perspectiva abarca desde o gerenciamento do equilíbrio emocional até a habilidade discernida na tomada de decisões, passando pelo constante aprimoramento das competências sociais e pela capacidade eficaz de adaptação às mudanças em curso.

Ao nutrirmos o autoconhecimento, não apenas fomentamos uma existência autêntica, mas também conquistamos uma compreensão mais profunda de nosso propósito, direção e satisfação pessoal. Esse processo não apenas nos beneficia individualmente, mas também nos capacita a auxiliar de maneira mais eficaz os outros em suas jornadas. Vale ressaltar que esse desenvolvimento pessoal contribui de maneira significativa para a prevenção e gestão de questões relacionadas à saúde mental, traduzindo-se em melhorias concretas na qualidade de vida. No cerne dessa jornada, a compreensão íntima de si mesmo se configura como um pilar fundamental, essencial para a preservação da saúde mental e para fomentar o bem-estar emocional.

Nesse contexto, é imperativo salientar que a consciência plena de nossas emoções, pensamentos e motivações nos concede a capacidade singular de identificar e abordar de forma eficiente desafios emocionais e comportamentais que surgem ao longo do caminho. Esse conhecimento íntimo não só nos fortalece diante das adversidades, mas também impulsiona o desenvolvimento de habilidades de enfrentamento, ampliando nossa resiliência diante dos percalços da vida.

Além disso, a relevância do autoconhecimento transcende para a esfera dos relacionamentos interpessoais, desempenhando um papel crucial na melhoria da comunicação, no estabelecimento de limites saudáveis e no cultivo de conexões mais sólidas e gratificantes. Uma compreensão mais profunda de nossas próprias necessidades e desejos serve como alicerce para interações mais enriquecedoras, propiciando um terreno mais fértil para relações duradouras.

No âmbito do desenvolvimento pessoal e profissional, o autoconhecimento se destaca como um pilar fundamental para o crescimento contínuo e o aprimoramento. Identificar tanto nossos pontos fortes quanto áreas de aprimoramento não apenas nos orienta na definição de metas de desenvolvimento, mas também nos capacita a elaborar estratégias perspicazes para fortalecer essas competências. Essa autopercepção capacitadora, portanto, se configura como a chave essencial para alcançar metas e aspirações de forma mais eficiente e gratificante.

A influência positiva do autoconhecimento não se limita ao desenvolvimento de habilidades, estendendo-se igualmente à tomada de decisões. Estar consciente de nossos valores, motivações e preferências possibilita escolhas mais informadas e alinhadas com nossa autenticidade. Esse alinhamento promove uma congruência entre nossas ações e ideais, resultando em um senso mais profundo de propósito e satisfação. Esse aspecto é especialmente crucial na liderança, onde a coerência é essencial. O líder deve ser um exemplo consistente para influenciar positivamente os liderados, e o autoconhecimento é uma ferramenta valiosa para garantir essa coerência no dia a dia.

Outra faceta essencial do autoconhecimento é a habilidade de autorregulação emocional, uma competência crucial para lidar com situações estressantes, resolver conflitos e manter o equilíbrio emocional. Nos ambientes corporativos, onde frequentemente nos deparamos com desafios que exigem uma eficaz regulação emocional, os líderes que investem no autoconhecimento conseguem identificar suas emoções, reconhecer seus desencadeadores e responder de maneira mais adaptativa e saudável diante dessas situações desafiadoras.

Investir no autoconhecimento, dessa maneira, emerge como uma via valiosa para cultivar uma vida mais autêntica, significativa e gratificante. A importância do autoconhecimento na liderança é inquestionável, exercendo uma influência positiva em diversos aspectos do desempenho e da interação entre líderes e liderados. Esse processo não apenas promove uma transformação notável nos líderes individualmente, mas também gera benefícios que ultrapassam a esfera pessoal, impactando diretamente o ambiente profissional.

Apresento aqui diversas razões pelas quais o autoconhecimento é indispensável para uma liderança eficaz:

- **Fortalece a autoestima e autoconfiança:** promove uma aceitação mais profunda e valorização de suas próprias qualidades. Essa base sólida fortalece a postura diante dos desafios, contribuindo para uma liderança mais assertiva.

- **Solidez nos relacionamentos interpessoais:** líderes autoconscientes se expressam de maneira clara e assertiva, facilitando uma comunicação eficaz. Além disso, eles são mais propensos a ouvir e respeitar as opiniões e sentimentos dos outros, demonstrar empatia, fortalecendo os laços interpessoais. Cultivam uma visão sistêmica, compreendendo a interdependência entre as partes de um todo.

- **Fomento à criatividade e inovação:** líderes autoconscientes são impelidos a buscar incessantemente novos conhecimentos e experiências. Esse ciclo contínuo de aprendizado contribui significativamente para o crescimento profissional e pessoal. Diante disso, a exploração consciente dos talentos e potenciais pessoais promove a criatividade e a disposição para a inovação. São líderes que amam aprender, abraçam o novo e instigam uma cultura de inovação e melhoria contínua dentro de suas equipes.

Lembra do Murilo Gun, que comentei da palestra dele no início deste capítulo? Pois é. Ele deixou uma excelente dica que ele aplica em suas reuniões, que achei sensacional compartilhar para os leitores deste livro:

Antes de uma reunião, faça um momento de silêncio e respiração profunda. Porque isso vai fazer toda a diferença para a condução da reunião. Ele disse que quando há uma reunião, cada um vem de um contexto. Pode ser que um tenha acabado de discutir com a esposa, o outro com o colega de trabalho ou o seu líder; ou alguma situação tensa que ele tenha resolvido e sugou toda sua energia, e, portanto, a pessoa ao passar por todas essas situações, vem com a cabeça quente para a reunião. Quando o líder faz uns 10 minutos de respiração profunda e silêncio total, é como se zerasse esse interno barulhento que está dentro daquele ser. E isso funciona e muito.

Quando essa respiração não é feita, a chance de alguém se alterar, dizer algo que não queria dizer, falar de uma forma indevida, é grande, pois a pessoa veio carregada de barulhos internos e externos. Sendo assim, quando pratica esse momento de silêncio e respiração profunda, os ânimos e pensamentos se acalmam. É como se cada coisa assentasse no seu devido lugar, e a pessoa se sente mais leve e consequentemente muitos problemas são evitados e a reunião certamente será mais produtiva. A respiração lenta e profunda de 5 a 10 minutos, reduz o estresse e a ansiedade.

Quando os líderes se dedicam ao aprimoramento do autoconhecimento, não apenas elevam o próprio desempenho, mas também promovem um impacto positivo no ambiente circundante. Contrariamente, a ausência de autoconhecimento em um líder pode acarretar desafios consideráveis, disseminando inseguranças e exercendo influências negativas sobre suas ações, resultando em impactos adversos no bem-estar e na produtividade da equipe.

Dessa forma, o autoconhecimento é a base essencial para uma liderança eficaz, e não apenas um componente, pois exerce influência direta na motivação, no engajamento e na satisfação dos liderados. Ele se configura como a fundação fundamental para uma liderança robusta, ecológica e sustentável.

Sendo assim, o autoconhecimento é um caminho contínuo e dinâmico, que exige empenho, reflexão e *feedback*. Que todo líder priorize esse caminho para, de fato, liderar com excelência. Essa é a LÓGICA!

Referências bibliográficas ao final do livro

Quando conheço minhas forças e fraquezas, me fortaleço, pois sei quem sou e sei olhar quem o outro é, nos fortalecemos e juntos crescemos.

Cláudia Barros

CRISTIANE DE SOUZA LUNA

Me chamo Cristiane de Souza Luna, natural de Rio de Janeiro/RJ. Estrategista em Liderança e Transformação Empresarial, formada em Recursos Humanos, MBAs em Gestão e Liderança, Administração, Neuropsicanálise e diversas especializações como *Coaching, Mentoring e Holomentoring®* pelo Instituto Holos, PNL pelo IAS Institute, e Comportamento Humano pela Febracis. Liderança Humanizada Transformacional, decisões estratégicas, negociações e mentalidade.

Com meu *background* como gerente geral em consultorias, presenciei pressões e comportamentos onde demandavam decisões assertivas. Compartilho conhecimento, treino líderes e os guio preservando sua autenticidade, singularidade, alta performance, persuasão e assim, alavancando negócios inovadores.

cristyane.luna

+55 (21) 99912-0638

Cristiane S. Luna

www.cristianeluna.com.br

DNA
DA LIDERANÇA

11 TOMADA DE DECISÃO EFICAZ: ESCOLHAS BEM FUNDAMENTADAS

Por Cristiane de Souza Luna

Tomada de decisões é o processo crucial de escolher entre opções disponíveis. Um dos mais importantes papeis do líder é tomar decisões e essa é uma tarefa de grande responsabilidade. Em sua trajetória como líder, é provável que tenha se deparado com situações inesperadas, desviando dos planos estabelecidos. Certamente, isso faz parte da jornada, não é verdade?

Tanto na vida pessoal quanto profissional, decisões impactam nosso caminho. Cada escolha é uma oportunidade de crescimento ou aprendizado. Mas o que, de fato, a tomada de decisão é nas organizações? O que fazer para decidir de maneira inteligente sobre diversos assuntos dentro de uma empresa?

Gostaria de compartilhar um caso isolado para podermos compreender melhor sobre caminhos a serem avaliados antes do ato decisório.

Cássio, chefe de uma pequena empresa de consultoria, estava em dúvida sobre a possibilidade de demitir Juliano, seu diretor de Operações. Durante o ano passado, Juliano falhou consistentemente em fazer mais do que o mínimo exigido dele. Ele tem talento, é inteligente e tem talento para improvisar soluções baratas para problemas técnicos, mas raramente toma qualquer iniciativa. Pior, suas atitudes em reuniões, costuma criticar as ideias de outras pessoas, às vezes de forma ríspida.

Infelizmente, perder Juliano causaria problemas no curto prazo. Ele entende como priorizar contratos e cláusulas melhor do que ninguém. O que você o aconselharia a fazer? Ele deveria demiti-lo ou não?

Se você refletir sobre os últimos segundos de sua atividade mental, o que é surpreendente, é a rapidez com que suas opiniões começaram a se formar. A maioria de nós, refletindo sobre a situação de Juliano, sente que já sabe o suficiente para começar a oferecer conselhos. Talvez você aconselhasse o Cássio a demitir Juliano, ou talvez o encorajasse a lhe dar outra chance. Mas é provável que você tenha se sentido confuso(a).

Um aspecto notável da nossa vida mental é que raramente ficamos perplexos. Geralmente, o estado normal da mente, é que tenhamos sentimentos e opiniões intuitivas sobre quase tudo que surge no caminho. Gostamos ou não gostamos das pessoas muito antes de saber muito sobre elas; confiamos ou desconfiamos de estranhos sem saber por quê; sentimos que uma empresa está fadada ao sucesso ou fracasso sem analisá-la.

Quando tiramos conclusões precipitadas porque damos muito peso às informações que estão bem diante de nós, deixamos de considerar as informações que estão fora do palco. "O que vemos diante dos olhos não é tudo o que existe".

Quando ofereci informações sobre Juliano, onde ele faz apenas o mínimo necessário, não toma iniciativa, tem uma atitude ruim e seu chefe pode demiti-lo, é provável pegar esse conjunto de informações prontamente disponível e começar a tirar conclusões disso. Mas estamos falando de um ponto exposto. Tudo fora dele está desconhecido. Portanto, na situação de Juliano, não pensamos imediatamente em fazer muitas perguntas óbvias.

Por exemplo, em vez de despedir Juliano, por que não alterar o seu papel atual para corresponder melhor aos seus pontos fortes? (Afinal, ele é bom em outros pontos.) Ou talvez Juliano pudesse encontrar um mentor que o ajudasse a definir metas mais ambiciosas e a fazer críticas menos contundentes.

E se analisarmos mais fundo e descobrirmos que os colegas de Juliano adoram seu jeito rude e direto? E o que nos faz pensar que a opinião de Cássio sobre Juliano é impecavelmente precisa? E se ele fosse um péssimo gerente? Quando começamos a ampliar a visão de um lado para o outro, a situação começa a parecer muito diferente. Não poderíamos esperar tomar uma boa decisão sobre Juliano sem olhar ao redor. No entanto, desenvolver uma opinião seria fácil sem fazê-lo.

E essa, em essência, é a principal dificuldade da tomada de decisão: o que está no centro das atenções raramente será tudo o que precisamos para tomar uma boa decisão, mas nem sempre nos lembraremos de ampliar o raio de visão.

Se você estudar os tipos de decisões que as pessoas tomam e os resultados dessas decisões, descobrirá que a humanidade não tem um histórico particularmente impressionante. As escolhas profissionais, por exemplo, são frequentemente abandonadas ou lamentadas. Pesquisas globais, como a da Consultoria Robert Half, citam que 41% dos executivos assumem ter feito alguma contratação equivocada no último ano. Outras pesquisas relatam que 40% dos executivos das contratações de nível sênior "são demitidos, fracassam ou pedem demissão em 18 meses".

As decisões de negócios são frequentemente falhas. Um estudo sobre fusões e aquisições empresariais – algumas das decisões de maior risco que os executivos tomam, mostrou que 83% não conseguiram criar qualquer valor para os acionistas. Diversos executivos relataram que as más decisões eram tão frequentes como as boas.

No aspecto pessoal, não estamos muito melhores. As pessoas não poupam o suficiente para a reforma e, quando o fazem, desgastam consistentemente as suas próprias carteiras de ações, comprando na alta e vendendo na baixa. Os de mais idade se perguntam por que não dedicaram mais tempo para desfrutar mais a brisa do mar quando mais jovens. Os jovens muitas vezes iniciam relacionamentos com pessoas que lhes fazem mal. Pessoas de meia-idade podem permitir que o trabalho interfira em suas vidas familiares.

Por que temos tanta dificuldade em fazer boas escolhas e tomar decisões assertivas? Nos últimos anos, muitos livros e artigos fascinantes abordaram esta questão, explorando diversas dificuldades com a nossa tomada de decisão, como por exemplo a interferência de preconceitos e mesmo a irracionalidade.

Quando se trata de tomar decisões, fica claro que muitas vezes nossos cérebros se tornam instrumentos falhos. Mas menos atenção tem sido dada a outra questão convincente: dado que às vezes estamos condicionados para agir de forma tola, resta-nos a pergunta: mas como podemos fazer melhor? Às vezes, recebemos o conselho de confiar em nossa coragem quando tomamos decisões importantes. Infelizmente, nossas mentes estão cheias de conselhos altamente questionáveis. Nem nossos instintos são melhores em grandes decisões.

Olhando para a história que acabei de contar sobre Cássio e Juliano, conseguimos ver que existem diversos pontos para avaliar. Entre eles, está em tomar uma decisão alinhada aos objetivos da empresa, bem como avaliar o impacto da decisão tomada. Mas também uma possível tomada de decisão intuitiva poderia ocorrer, ou com base em valores, mais racional, ou até mesmo uma decisão colaborativa e especializada, fazendo uma avaliação da trajetória percorrida por Juliano. Além desta lista, ainda lidamos com alguns vilões, como por exemplo o viés de confirmação, o medo do fracasso, pensamentos homogêneos e pensamentos excessivos que podem comprometer a qualidade da decisão. Para combater esses desafios, se exige uma consciência clara bem como práticas específicas.

No processo decisório, desde a identificação do problema até a implementação, passando por coleta de informações e análise, cada etapa é crucial para escolhas fundamentadas e eficazes. Dados relevantes oferecem clareza, minimizando riscos e otimizando recursos. Essa prática promove confiança nas lideranças, guiando escolhas alinhadas às metas.

No cenário de negócios, a tomada de decisões embasada é uma luz para resultados sustentáveis. Já em decisões intuitivas, confiamos em experiências e sentimentos, sendo estas subjetivas. Enquanto a intuição pode ser influenciada por vieses, a abordagem baseada em evidências busca precisão. A opção por dados consistentes oferece confiabilidade e sustentabilidade, o que se traduz como sendo uma prática estratégica para o sucesso organizacional. Eu adoraria continuar o tema, pois existem diversos métodos e teorias aplicáveis que merecem atenção, mas tornaria este breve capítulo excessivamente extenso.

Agora você me pergunta: Luna, o que aconteceu com Juliano, afinal? Foi elaborado um mapeamento onde a decisão final foi moldar Juliano, medindo ganhos, perdas e riscos. Juliano desempenhou habilidades ainda melhores, pois trabalhou pontos cruciais que lhe faltavam, entre elas, inteligência emocional, ele estava aberto para a melhoria.

A pergunta que faço a você leitor: como é embasada a sua tomada de decisão? Lembre-se que tomar decisões implica necessariamente em correr riscos, mesmo que tenhamos uma excelente análise de dados e diagnósticos aparentemente precisos. É um ato de coragem, pois não existe garantia de 100% de acertos.

A vida é probabilística. Os resultados sempre apontarão quem tomou a decisão, e se porventura houver insucesso, meu conselho é assumir o ônus apenas para si, e se houver sucesso, atribua isto sempre ao trabalho conjunto e colaborativo da sua equipe.

Até a próxima, muito sucesso para você, caro leitor!

Escolhas definem destinos. Escolha com coragem, colha com propósito, seu amanhã começa no hoje das suas decisões.

Cristiane de Souza Luna

DIONI SOARES

Sou Dioni Soares, mãe do Diego e uma pessoa apaixonada pelo que faço: amo desenvolver pessoas, empresas e negócios, inspirando e impactando vidas como palestrante comportamental, Mentora de Líderes Inspiradores e Treinadora de Times Campeões.

Ao longo da minha carreira na área de desenvolvimento humano organizacional, tive diversas experiências que me fizeram crescer profissionalmente.

Sou formada em Administração com ênfase em Comércio Internacional, especialista em Gestão com Pessoas e Desenvolvimento de Talentos, Coach Internacional Integral Sistêmico, Practitioner em Programação Neurolinguística e Analista de Perfil Comportamental.

Desenvolver pessoas e engajá-las em uma causa que faça sentido, está entre os meus propósitos de vida. Se você tem interesse em se destacar, através do conhecimento que transforma, será um prazer ter você aqui comigo!

dionisoares_

www.lideresinspiradores.com.br

contato@dionisoares.com.br

12 OS PRINCÍPIOS DA LIDERANÇA INSPIRADORA

Por Dioni Soares

Atuando com o desenvolvimento humano organizacional em empresas de pequeno, médio e grande porte, com marcas renomadas e ajudando a fortalecer a expansão de marcas através da consultoria e instrutoria com ênfase na criação da educação corporativa e criação de uma cultura forte, percebi uma grandiosa oportunidade em contribuir com o desenvolvimento das lideranças, pois constatei a importância do papel do líder e o quão necessário é a preparação para quem deseja exercer a liderança, pelo motivo que liderança é responsabilidade e não é amadorismo, pois afinal, carreiras estão sob seus cuidados e assumir esse papel é se dispor a realizar um trabalho diligente.

Embora a visão revele às pessoas para onde elas precisam ir, o propósito revela por que elas devem ir. Isso não só ajuda as pessoas a perceberem o sentido do que lhes está sendo solicitado, mas também as ajuda a permanecerem no alvo.

Profissionais despreparados acabam limitando as pessoas e seus respectivos resultados e essa constatação se tornou uma convicção muito forte para mim "que tudo começa e termina na liderança". Logo, desenvolver líderes, para que se tornem líderes inspiradores e com resultados, tornou se um dos meus propósitos de vida.

Para exercer a liderança, essencialmente é preciso gostar de pessoas, pois ninguém lidera uma equipe atrás de uma planilha com gráficos e indicadores de desempenho, liderança é mais do que gerenciamento, é sobre pessoas, é sobre o palco de cada liderado. É necessário realizar a gestão com pessoas, ter interesse pelas mesmas, investir em tempo de qualidade e estratégias, conhecer sobre perfil comportamental e desafiar-se a se tornar especialista em pessoas.

Liderança não é somente sobre o seu crachá, e-mail corporativo ou a placa pregada na porta, é viver um propósito maior, inspirando e compartilhando uma visão positiva de futuro com os membros do seu time, é alcançar os objetivos junto e através de cada liderado. Portanto, líder, assuma o compromisso de tornar-se apto e preparado para liderar, pois vejo muitas pessoas pedindo demissão dos seus respectivos líderes e não das empresas que trabalham, acompanho muitos liderados adoecendo devido à uma liderança tóxica e irresponsável, trazendo graves consequências as pessoas e as empresas.

Ao exercer uma liderança tóxica, o líder manifesta alguns comportamentos destrutivos, pois não consegue formar um time, as pessoas vão embora, devido ao comportamento imprevisível do líder, em algum momento é acessível e aberto ao diálogo, em outro momento não cumprimenta as pessoas, vira as costas, demonstrando arrogância, comunicando insignificância às pessoas, como se elas não existissem, ignorando as mesmas totalmente. Quando as pessoas são assertivas, o mérito é do líder (dele), quando erram, a culpa é dos liderados. O discurso é impecável, mas no exemplo não existe coerência. Aqui existe um excesso de autoridade, tornando-se um autoritarismo desnecessário, constrangendo através do medo e da imposição.

Ninguém quer seguir um líder fraco e despreparado

Trabalhando há mais de 15 anos com o desenvolvimento humano organizacional, condicionei meu cérebro a observar e buscar interpretações sobre o comportamento das pessoas, percebi que quando chego num lugar e vejo uma equipe preparada, acredito que ali existe um líder apto, que investe nas pessoas, treinando e capacitando seus liderados, ao contrário também vale a mesma percepção, se me deparo com pessoas inseguras e despreparadas, identifico um líder ineficaz e inapto, que não está fazendo o tema de casa, que consiste em dedicar parte do seu tempo a investir nas pessoas.

Quando o líder busca o aperfeiçoamento da sua liderança, aumenta seus ganhos, pois estará gerando valor em si, através do conhecimento, o qual, irá transferir para as pessoas e automaticamente para a empresa na qual pertence, isso faz com que as pessoas o olhem com mais respeito e admiração, e creia, todo tempo investido trará retorno.

Entenda, líder, investir em capacidade cognitiva e aplicar todo o conhecimento em práticas vivenciadas fará com que você treine e mensure novas experiências, podendo identificar o que deu certo e o que não deu, fortalecendo sua inteligência emocional e profissionalizando sua gestão. Seus liderados precisam enxergar em você e através de você os ganhos que terão em aceitar o seu comando, desenvolvendo nessa relação dois pilares importantíssimos: confiança e credibilidade, construídas com base no respeito e não pela imposição e medo. Quem lidera e não conquistou a permissão de comandar, está fazendo tudo, menos liderar e não há nada mais desprezível que uma liderança imposta pelo medo.

Uma das habilidades que mais se destaca em uma liderança inspiradora é a capacidade que o líder possui em comunicar e impactar seus liderados com uma narrativa positiva, clara e convincente, através de uma abordagem que aproxima e conecta as pessoas e não através de uma comunicação violenta que afeta negativamente os diálogos, através da ofensa, deboche e desprezo. Líderes imaturos lideram primeiro, depois ouvem. A mais básica de todas as necessidades humanas é a necessidade de ser ouvido e entendido, a melhor maneira de compreender as pessoas é ouvi-las.

Líder, invista em você e tenha a certeza que terá como recompensa fazer parte da transformação e evolução de muitas vidas, empresas e negócios. Gente boa quer trabalhar com gente boa e ser liderado por um líder melhor ainda.

Você não vai agradar a todos

Sentir-se totalmente confortável e querer agradar todo mundo não é um sentimento que habita no território da liderança. Por mais que você se sinta seguro em seu posicionamento, o desconforto pode-se manifestar ao mediar uma gestão de conflito ou até em conduzir conversas difíceis, onde os nervos estão à flor da pele e a estrutura emocional abalada. Por isso a importância em se fortalecer, identificando as crenças que se manifestam por trás de um comportamento e como ressignificá-las, isso chama-se autoconhecimento, conhecer a si mesmo com mais profundidade, identificando suas emoções e desenvolvendo domínio próprio.

É importante construir segurança psicológica entre os liderados, a qual torna possível ter conversas difíceis sem a necessidade de ficar dando voltas para falar o que deve ser dito e alinhado. Em ambientes seguros, as pessoas acreditam que se elas cometerem um erro, o líder não irá puni-las ou pensar mal delas por isso, que os outros não irão ficar ressentidos e nem humilhá-las quando elas pedirem ajuda ou orientações. Quando ocorre isso, as pessoas confiam e se respeitam, gerando uma sensação de confiança no time. A segurança psicológica não significa uma situação acolhedora em que as pessoas são necessariamente muito amigas, nem sugere uma ausência de pressão ou problemas.

Um líder bonzinho que tolera tudo por medo de ser rejeitado e não ser aceito, que se rende ao medo do conflito e se retrai, acaba se conformando com a mediocridade, não extraindo o melhor das pessoas, se contentando com o que deu para fazer, consequentemente não desafia a si e nem o seu time, seus padrões e resultados serão limitados, pois ao querer agradar todo mundo, acaba se perdendo do que realmente importa, comprometendo os objetivos que precisam ser alcançados, pois não há esforço e nem intencionalidade.

Já a liderança humanizada entende que o líder pode e deve se posicionar, desafiando a si mesmo e seu time, tendo conversas desconfortáveis, mas com o único interesse em promover as melhorias necessárias, trazendo clareza onde existe uma consciência disfuncional. Aqui o desempenho melhora, a missão é compartilhada e todos crescem juntos, pois o profissionalismo prevalece. Líder, seu trabalho não é agradar as pessoas e sim torná-las melhor e vai haver desconforto para ambas as partes.

O líder deve contribuir com o próximo nível de cada liderado

Acredito que um dos maiores ativos das empresas é ter pessoas preparadas e aqui também trago uma premissa valiosa sobre o papel do líder, entregar o resultado através dos seus liderados, levar as pessoas a lugares que elas nunca estiveram: o próximo nível, aliás, todos temos outro patamar a desbravar. Qual o seu próximo nível, líder? Qual é o próximo nível de cada liderado seu? Conhecer com mais profundidade sobre seus liderados irá facilitar sua jornada da liderança.

A maioria das pessoas não descobre seus pontos fortes e pontos a desenvolver sozinha, muitas se deixam levar pela rotina da vida cotidiana, sendo circunstanciais. Raramente exploram seus pontos fortes e pontos a desenvolver, não refletem sobre seus sucessos ou fracassos, essa é a razão pela qual valorizam um líder que esteja genuinamente interessado em ajudá-las a se desenvolver. Todos os membros do time possuem um lugar que agregam mais valor, se o líder identificar tais habilidades, pode formar um time com habilidades complementares, onde uma complementa a outra, formando um time interdisciplinar.

Ao se dedicar ao desenvolvimento de seus liderados, você perceberá uma mudança em seus relacionamentos, eles irão desenvolver uma forte lealdade ao seu comando, pelo motivo que estão engajados, pois perceberam que você deseja o melhor para eles e isso se comprova através dessas atitudes, quanto mais tempo você como líder se dedicar a eles, mais tempo é provável que eles permanecem sob sua gestão.

Outro ganho incrível é que ao ensinar, delegar, acompanhar, reconhecer e recompensar seus liderados, você comunica aos mesmos que confia neles, sendo assim, constrói um clima positivo nas relações. Vejo muitos liderados indo embora pelo motivo que o líder centraliza, com essa atitude acaba comunicando: você não é capaz e eu não confio em você.

Imagine, líder, os grandes resultados que você irá conseguir através dos seus liderados? Quem irá fazer mais ou conquistar mais a partir da sua liderança? Quem irá ter a vida mudada sob a sua liderança? Líderes precisam ser o que desejam ver, influenciar pelas atitudes e ensinar pelo exemplo.

Liderança não é amadorismo, poder ou privilégio. Liderança é responsabilidade. É contribuir com o crescimento das pessoas e seus resultados.

Dioni Soares

EDUARDO LEVY COTES

Com 44 anos de experiência na área comercial, 37 deles exercendo cargos de gestor, na essência sempre sendo um negociador, um especialista em Vendas, em Pessoas e principalmente em Negociação.

Administrador de empresas, com MBA em Marketing e 3 idiomas fluentes, isto me proporcionou a oportunidade de trabalhar em outros países e vivenciar outras culturas. Tenho estudado Inteligência Emocional, Neurociência, PNL e me formei como *master coach* e analista de perfil comportamental.

Aplico estes conhecimentos nas minhas atividades profissionais, faço treinamento e desenvolvimento de equipes comerciais e consultoria de empresas.

Sempre com o objetivo de melhorar a performance e os resultados. Um dos diferenciais é a capacidade de diagnosticar situações e propor soluções práticas, eficazes e diferenciadas.

edulevyvendas

13 NEGOCIAÇÃO ESTRATÉGICA: ALCANÇANDO ACORDOS MUTUAMENTE BENÉFICOS

Por Eduardo Levy Cotes

Se buscamos mapear o DNA da liderança não podemos deixar de falar sobre a importância de realizar acordos mutuamente benéficos, e só vamos conseguir realizar esta tarefa se trabalharmos dentro do conceito de ***"Negociação Estratégica"***. Para que uma liderança seja realmente efetiva e eficaz e consiga conduzir seus liderados na busca dos objetivos ele precisará negociar exaustivamente e, sempre que possível, obter os melhores resultados.

É muito importante pontuar que: *"negociar é diferente de vender"*. Nem sempre um bom vendedor é um bom negociador, mas, com certeza, um bom negociador é um bom vendedor, explico: um excelente vendedor estará habilmente preparado, com todas as técnicas de venda que ele dominar, para convencer um possível cliente a comprar o seu produto. Atuará na prospecção, na checagem da adequação das necessidades do seu produto para atender aquele possível cliente, trabalhará objeções e por fim envidará seus melhores esforços na fase do fechamento para sair dali com sua venda concluída ou seu pedido assinado.

O grande negociador é aquele altamente preparado, que se especializou em negociar e tem um objetivo muito maior. Ele é frio, cirúrgico nas suas ações, estratégico nos seus movimentos e tem percepção aguçada.

Este profissional possui uma combinação única de habilidades, traços e comportamentos que o distinguem na arte da negociação. Aqui estão as características fundamentais de um negociador excepcional:

1. Comunicação eficaz: habilidade para expressar suas ideias de uma forma clara e persuasiva, saber ouvir atentamente, colher todos os detalhes e ajustar a sua comunicação de acordo com a situação e com o interlocutor com o qual está negociando.

2. Empatia: ter uma grande capacidade de compreender as emoções, as necessidades e perspectivas da outra parte.

3. Inteligência emocional: controlar as suas próprias emoções e ainda compreender as emoções dos outros envolvidos.

4. Habilidade analítica: ter uma grande capacidade para analisar informações rapidamente, avaliar cenários e identificar opções estratégicas.

5. Flexibilidade: saber se adaptar a diferentes estilos de negociação, mudanças nas circunstâncias, saber acomodar as necessidades da outra parte serão de suma importância no processo.

6. Persistência: o grande negociador é incansável, deve ter determinação para superar obstáculos e perseverar em busca de uma solução, mesmo diante de desafios e contratempos.

7. Preparação: a boa negociação começa muito antes de acontecer, muita dedicação à pesquisa e uma preparação detalhada antes das etapas, conhecendo bem os interesses, valores e objetivos das partes envolvidas.

8. Pensamento Criativo: ter a habilidade para pensar "fora da caixa", gerar soluções inovadoras e encontrar opções que possam criar valor adicional para ambas as partes.

9. Ética: é fundamental que tenha princípios claros e padrões éticos elevados, mantendo a integridade e construindo confiança durante todo o processo de negociação.

10. Resiliência: diferente da persistência, a capacidade de lidar com a pressão, rejeição e adversidades, mantendo uma atitude positiva e focada nos resultados compõem o quesito resiliência.

11. Negociação colaborativa: ter uma profunda orientação para o desenvolvimento de acordos mutuamente benéficos, priorizando relações de longo prazo em vez de ganhos imediatos.

12. Conhecimento do mercado: reunir um entendimento sólido do setor, do mercado e do contexto em que a negociação ocorrerá, permitindo uma abordagem mais informada e estratégica.

13. Liderança: aqui, sem ser redundante, o negociador deverá ser um bom líder, ter a habilidade para liderar durante o processo de negociação, inspirando confiança e conduzindo a interação de maneira eficaz.

14. Adaptabilidade cultural: o exímio negociador deverá ter a sensibilidade e habilidade para negociar eficazmente em diferentes ambientes culturais, reconhecendo e respeitando as diferenças culturais.

15. Habilidade de fechamento: por fim e não menos importante, ter a capacidade de fechar acordos de maneira eficaz, mantendo uma postura firme, porém respeitosa, e garantindo o compromisso de ambas as partes.

Falando especificamente sobre o processo de negociação estratégica, as partes envolvidas precisam ter a nítida consciência e estarem preparadas para fazer concessões, para deixar algumas coisas na mesa, componentes que poderão ser descartados ao longo do processo.

Costumo dizer que uma boa negociação funciona como descascar uma cebola lentamente, onde vai se tirando casca por casca, e tentando manter ao máximo o miolo. Toda negociação deverá seguir os moldes do "ganha / ganha", ou seja, todo mundo ganha. Não existe negociação ganha / perde, pois a parte que ganha, com certeza, perderá mais para frente. Existe uma atmosfera que rege todo processo de negociação e invariavelmente, aquele negociador que se acha supremo e não abre mão de nada, ficará isolado e perderá seu poder de barganha e provavelmente, aos poucos, ninguém mais desejará negociar com ele.

E como já citei nas características acima, a égide dos princípios e da ética deverá reger todo o processo, ninguém gosta de negociar com pessoas desonestas ou que só querem levar vantagens.

E por falar em levar vantagens, nosso país sempre foi conhecido pelo famoso "jeitinho brasileiro" para resolver as situações, por isso, em 1976 - ou seja, há 47 anos - surgiu a expressão "Lei de Gerson". Para os mais novos e para todos que não sabem do que se trata, a "Lei de Gerson" foi a alcunha criada para todos aqueles que queriam tirar vantagem em tudo. Ou seja, para aquele negociador que não cede, que quer tudo para ele, não abre mão de **nada**, exerce com maestria a "Lei de Gerson".

Em 1976, o ex-jogador de futebol Gerson foi convidado para estrelar uma campanha de uma marca de cigarros. Craque da sua época, integrou a seleção vencedora do tricampeonato de Futebol, Gerson de Oliveira Nunes, meia esquerda, jogou no Flamengo, no Botafogo do Rio de Janeiro, passou pelo São Paulo FC e encerrou sua carreira no Fluminense. Até aí tudo bem, o comercial tinha uma frase de efeito no final, onde o jogador citava a vantagem de consumir a tal marca de cigarros. Porém, em 1981, surge um grande escândalo no mercado financeiro, o do Banco Brasillnvest, que aplicara um grande golpe em seus clientes e a Revista Exame cunhou uma matéria de capa, tirando a frase de contexto e batizando a matéria de "Lei de Gerson". Enfim, uma injustiça ao grande jogador, que acabou batizando a postura tão execrada no mundo dos negócios.

Curiosidades à parte, voltando para o cerne do nosso capítulo, provavelmente faltou um hábil negociador para promover um acordo entre a revista e as demais partes envolvidas para que este imbróglio não se desenrolasse. Mas infelizmente o ***"A gente tem que levar vantagem em tudo, certo?"*** se eternizou...

Pensando na antítese deste pensamento, vamos avaliar quais devem ser os objetivos de uma "negociação estratégica" em seus mais puros contextos:

1 - Alcançar um acordo Ganha-Ganha: o objetivo principal é buscar soluções que beneficiem ambas as partes envolvidas na negociação. Isso criará uma base sólida para relacionamentos futuros e colaboração contínua.

2 - Maximizar o valor: buscar sempre maximizar o valor total do acordo, levando em consideração tanto os interesses próprios quanto os da outra parte. Isso envolverá identificar os pontos de interesse compartilhados e criar valor adicional sempre que possível.

3 - Manter relacionamentos duradouros: uma negociação estratégica não apenas focará no resultado imediato, mas também considerará o impacto nas relações de longo prazo. Construir e manter bons relacionamentos é crucial para negociações futuras e para a reputação profissional.

4 - Compreender as necessidades e interesses: investir tempo para entender profundamente as necessidades, desejos e interesses da outra parte é essencial. Isso permitirá criar propostas mais alinhadas e, por vezes, identificar soluções criativas.

5 - Comunicar com eficácia: a habilidade de comunicação é crucial. Isso envolverá ouvir atentamente, expressar claramente as ideias, fazer perguntas pertinentes e ajustar a comunicação conforme necessário para manter uma compreensão mútua.

6 - Adaptabilidade: sem querer ser redundante quanto às características do bom negociador, já citadas acima, aqui a questão é objetividade, em uma negociação estratégica será necessário se adaptar aos diferentes estilos de negociação, culturas e circunstâncias, é fundamental, justamente porque a flexibilidade facilitará a resolução de desafios inesperados e a criação de soluções personalizadas.

7 - Gerenciar conflitos: um de seus objetivos principais será lidar com conflitos de maneira construtiva, será essencial que todos os conflitos sejam contornados. Isso poderá envolver encontrar soluções intermediárias, mitigar mal-entendidos e manter a calma sob pressão.

8 - Foco nos resultados a longo prazo: enquanto objetivos imediatos são importantes, em uma negociação estratégica o negociador também manterá um olho nos resultados de longo prazo. Isso implica considerar o impacto das decisões atuais nas futuras oportunidades e relacionamentos.

Para finalizar, como analista comportamental, destaco a importância do autoconhecimento! Sabendo exatamente como você tende a reagir em determinadas situações fica mais fácil fazer a gestão do próprio comportamento e manter o foco estratégico.

Sem sombra de dúvida, o líder que tiver em seu DNA o superpoder de ser um exímio negociador estratégico alcançará não só acordos mutuamente benéficos, mas construirá uma ponte sólida em sua carreira, deixando um legado especial de alguém que se preocupou com o todo e procurou melhorar a sociedade em que vivemos.

"

Nem sempre um bom vendedor será um bom negociador, mas, com certeza, um bom negociador é um bom vendedor. Ame negociar e seja um ótimo líder.

Eduardo Levy Cotes

"

ELEINE PASSOS

Sou baiana, apaixonada pelo desenvolvimento e impacto humano.

TEDx Speaker - Tema: Pare de Procrastinar a Ação.

Atuo como *coach*, mentora e treinadora nas organizações e projetos pessoais. Palestrante e consultora organizacional. Especialista em comportamento humano, liderança e alta performance. Também instrutora Sebrae.

Fundadora do Instituto & Consultoria Impacto Humano de Aceleração de Lideranças Empresariais.

Comecei minha jornada profissional como analista de sistemas. Especialista em Gestão de Projetos e Negócios. Atuei mais de 15 anos com projetos/portfólio de pequeno a grande porte na Bahia e em multinacionais.

Tenho duas famílias lindas, amo praticar esportes, fazer novas conexões, impulsionar minha jornada individual e de outros líderes que caminham juntos.

eleinepassos

+55 (71) 99128-8143

Eleine Passos

Vida em Alta Performance com Eleine Passos

DNA DA LIDERANÇA

14 IDENTIDADE - DESENVOLVENDO O DNA DO LÍDER QUE NÃO NEGOCIA RESULTADOS

Por Eleine Passos

O DNA constitui o genoma de todas as espécies biológicas, bactérias, fungos, protozoários, plantas e animais, como o homem. Em seu formato de fita, biologicamente falando, é uma sequência de bases que determinam características como a cor dos olhos ou dos cabelos, pode ainda determinar a presença de alguma doença hereditária, de acordo com o que cita Diego e Juliana na revista de Educação, Ciência e Tecnologia[1]. Neste capítulo, vamos olhar para o DNA focando em sua individualidade no que se refere ao ser humano, consequentemente a sua identificação única, o que o diferencia na sociedade, a sua identidade.

Olhando para o líder, não existe líderes iguais, cada um tem a sua história de vida, suas experiências, faz suas escolhas e isso eu particularmente acredito que torna a arte de liderar um tanto mais complexa, pelo simples fato de que liderar pessoas é lidar com a diversidade de comportamentos, pensamentos, ações, experiências, vidas.

As pessoas não se enxergam líderes, o líder tem dificuldade e consciência do que efetivamente é o seu papel. Falta consciência no posicionamento, na avaliação do seu potencial, e principalmente, falta consciência da identidade, do que verdadeiramente é "ser líder".

Nas palestras que realizo, sempre pergunto: "Quem aqui é líder?", metade ou menos das pessoas levantam a mão. Aqui é o momento de fazê-los refletir, quem faz a gestão dos seus filhos, da sua família, da sua casa, da sua vida? Então, as fichas começam a cair; todos nós somos líderes, primeiro de si, depois dos outros, depois de outros líderes, e sim, muitas vezes não fomos preparados para exercer esse papel, só o fazemos. Essa perspectiva trazida é altamente importante, e é base para a Metodologia do Pipeline da Liderança, uma referência quando se fala no desenvolver o papel do líder.

Segundo Ram Charam[2], um dos escritores do livro Pipeline da Liderança, não é necessário nascer com um dom para assumir grandes postos de trabalho ou papéis de liderança, mas sim que as responsabilidades podem ser abraçadas aos poucos, com aprimoramento das habilidades técnicas e socioemocionais. Com isso, podemos entender que não se nasce líder, esse é um papel que vamos ao longo da vida desenvolvendo com atitudes, o impulsionamento familiar, na jornada estudantil, profissional, nas lutas e batalhas diárias, de acordo com as experiências vivenciadas ao longo das fases da vida.

Neste capítulo, você, líder, terá a oportunidade de fazer uma autoavaliação sobre seu momento presente, alinhar o que você já tem como ponto forte, ampliar sua identidade para o futuro, sem negociar seus resultados.

A jornada de clareza da identidade do líder nos remete à alguns pontos de reflexão. O estudo da Gallup, 2023, State Of American Manager (O Estado do Gerente Americano, em livre tradução)[4] - entidade internacional que promove pesquisas acercar da situação do trabalho global - cita pontos importantes sobre a realidade do líder, veja abaixo:

Líder, avalie quanto o resultado da pesquisa está distante ou não da sua realidade! *"70% das lideranças entrevistadas não se sentiam prontas para ocupar tal cargo."*

O sentimento de incapacidade levantado é relacionado ao nível de capacitação, não necessariamente acadêmico, mas habilidades, competências e atitudes comportamentais no ambiente de trabalho e com os colegas.

"Se você pudesse fazer uma mudança no seu atual empregador para torná-lo um ótimo lugar para trabalhar, qual seria? No geral, 85% das respostas relacionaram-se com três categorias: envolvimento ou cultura (41%), remuneração (28%) e bem-estar (16%)."

O ponto que vem acontecendo de forma intensa é a questão das demissões silenciosas, que acontecem quando alguém se desliga psicologicamente do trabalho. Onde diversas vezes escutamos que as pessoas pedem demissão do líder e não da organização.

Trazendo outro fator não descrito pela Gallup na pesquisa, entretanto vivenciado por mim na trajetória de 15 anos como gerente de projetos, muitas vezes esse "gerente" não efetivamente tem o cargo, ele segue como Analista, assumindo diversas responsabilidades. A sua execução operacional e individual é excelente, mas ao assumir o papel de líder de outras pessoas, até outros líderes, pensar de forma mais estratégica, menos operacional, no relacionamento com o time, na forma de lidar, em tomadas de decisões complexas; seu pensamento crítico pode ser excelente, entretanto o como comunicar, integrar e impulsionar o time é desafiador, requer o desenvolver de habilidades consideradas *soft skills*.

Em resumo, o mercado vem exigindo cada vez mais líderes preparados e adaptáveis a diversas mudanças, que domine as habilidades de *hard skills* (técnicas) e muitas *soft skills* (comportamentais, comunicação, inteligência emocional, dentre outras). Que empodere seus liderados começando pelo exemplo, e impulsionando na carreira, sendo fonte de inspiração através do líder de si que o mesmo representa.

Como desenvolver uma identidade do líder, que não negocia resultados? Irei compartilhar 3 pontos que podem ser um verdadeiro plano de ação para você, líder, fortalecer sua identidade pessoal (CPF) e profissional (CNPJ), não negociando apenas resultados, como também sonhos e momentos de bem-estar e familiares, afinal, de que serva o lugar de um líder de sucesso que não consegue fazer suas próprias escolhas?

1. Comece a liderar a si mesmo

Maxwell conta em seu livro Liderança Consciente[3], que "se você quer uma equipe melhor em uma organização melhor, que produza resultados melhores, você precisa se tornar um melhor líder de si". Aqui, o jogo é completamente individual, não há concorrência, pessoas externas. Arrisco citar que merece uma sessão *"coach e coachee"*, com boas perguntas poderosas para que seja extraído o máximo do seu potencial líder. Segue aqui algumas perguntas para uma autoavaliação:

- Você se permite ser liderado? Escuta opiniões e segue ordens de outras pessoas?
- Como está o seu foco? Você consegue pensar e atuar em uma única coisa? Existe autodisciplina?

- Adaptabilidade é algo simples, de fácil execução? Ou você costuma ter conflitos internos ao ser colocado sobre vulnerabilidades?
- Na sua jornada pessoal e profissional, aonde você quer chegar? O que você visualiza para os próximos 1/3/5/10 anos?

O mergulho em si requer foco no momento presente, para que se atinja um grau de verdade e consciência, sem tirar o olhar e visão de futuro, onde se quer chegar.

2. Conheça e se apodere dos seus pontos fortes

Donald O. Clifton, autor do livro Descubra seus pontos fortes 2.0[5], traz uma avaliação do mercado que concordo demais:

"Em vez de trabalhar ativamente para aprimorar o que temos de melhor, devotamos tempo e esforço para consertar nosso desempenho nas áreas em que não nos saímos muito bem. Não existe receita mais certeira para a frustração e a mediocridade do que passar a vida nos dedicando ao que fazemos de pior".

Quanto tempo você, líder, vem perdendo fazendo cursos e mais cursos, MBAs, sem ao menos avaliar o quanto isso irá impactar na sua jornada, qual será o retorno para as áreas pessoal, profissional, um novo cargo, e/ou oportunidade. Trago isso como um ponto importante, pois vejo pessoas com condições de realizar grandes trabalhos se autossabotando, perdendo tempo, paralisados, onde poderiam estar gerando grandes resultados.

Não é sobre ignorar os pontos fracos, os mesmos serão desenvolvidos durante a sua jornada e à medida que surja alguma exigência, mas você deve colocar mais e mais energia para potencializar seus pontos fortes. Como plano de ação, a sugestão é realizar a Matriz SWOT pessoal (***S****trengths*/fortes, ***W****eaknesses*/fracos, ***O****pportunities*/oportunidades e ***T****hreats*/ameaças).

- Liste o que você é muito bom em fazer e quais os pontos que você precisa desenvolver, lembrando que aqui envolve apenas você individualmente, seus pontos internos.
- Liste as oportunidades que podem ser geradas a partir dos seus pontos fortes e respectivamente as ameaças que você identifica que precisa avaliar, ter atenção, olhando para a perspectiva do externo.

Essa é uma ferramenta tradicional nas empresas para clareza de ações, *feedbacks*, oportunidades de melhoria, análise de risco, que pode gerar o mesmo impacto na sua vida pessoal, líder. Teste, isso poderá mudar significativamente seus resultados.

3. Escute mais, fale menos e aprenda com seus erros

Parece clichê, mas é até bíblico, Deus nos deu dois ouvidos, dois olhos e uma boca, mas porquê as pessoas insistem em falar mais do que escutar?

A identidade do líder será altamente impulsionada quando o mesmo aprender a se escutar, reconhecer mais seus instintos, ter um olhar mais atento e sim, falar menos.

"A arte da liderança está na compreensão", cita Maxwell no livro Liderança Consciente[3]. O ato de falar menos e escutar mais gera atenção e consequentemente maior aprendizado, aumenta a confiança, afinal você estará mais presente, focado, gerando um *rapport* maravilhoso quando se trata de testar essa escuta junto ao time.

Agregando valor à escuta, vem o aprender com os erros e estar em constante melhoria. É até importante errar, lembrando que não se deve permanecer no erro.

Como ponto de autodesenvolvimento e questionamento:

- Teste a meditação, ajuda muito na prática da escuta individual e coletiva.
- Quais erros estou negligenciando e por conta disso estou deixando de aprender?

O líder que tem clareza de seus valores, princípios, que encontra o seu lugar de líder como um verdadeiro multiplicador e formador de pessoas, com certeza tem uma identidade fortalecida com bases sólidas e está caminhando para o alcance de grandes objetivos na sua jornada.

(Referências bibliográficas ao final do livro)

Seja o(a) líder que a sua família se orgulha em ter em casa.

Eleine Passos

ERIKA GUERRA

Eu sou mestre em Administração pela PUC Minas, especializada em Gestão de Projetos, Gestão de Pessoas e em Logística Integrada. Sou certificada em Gestão da Mudança, Coaching Executivo, Coaching de Times e em Coaching de vida.

Me tornei especialista em Recursos Humanos atuando por mais de 15 anos em multinacionais dos setores industrial, telefonia e logística integrada. Também atuei por mais de 7 anos como gerente de Recursos Humanos gerindo uma equipe sênior posicionada em diversas regiões do Brasil.

Foi nesta posição que eu compreendi o significado da palavra transformação e o quanto eu poderia ajudar outras lideranças a impactarem positivamente a vida das pessoas dentro das organizações. Com esse objetivo eu fundei a ESGuerra Consultoria em Transformação, em 2021, onde atuo como mentora de lideranças, consultora empresarial e produtora de conteúdo digital.

erikasamsg

15 GESTÃO DE RECURSOS HUMANOS E QUESTÕES DE PESSOAL

Por Erika Guerra

Você sabe como as empresas definem os seus processos de gestão de pessoas? A definição dos processos é um desdobramento de como a organização as vê. Se a empresa vê as pessoas como recursos humanos, no sentido literal da palavra, assim como ela vê os insumos e as finanças, a gestão será feita com este olhar, geralmente com controles detalhados inclusive do tempo de trabalho efetivo. Essa visão é a mesma da era industrial de 1900 a 1950, ou seja, é uma visão totalmente desconectada do momento de transformação que estamos vivendo.

Em contrapartida, se a empresa enxerga as pessoas como contribuidoras do negócio e com possibilidades de expansão e de desenvolvimento ilimitados, todos os seus processos de gestão de pessoas estarão estruturados para proporcionar isso (Thoren 2017). Cada vez mais os profissionais estão buscando trabalhar em empresas que veem as pessoas dessa forma, que dão voz e oportunidade de aprendizado e crescimento, que enxergam as pessoas como parte da transformação. Ou seja, que colocam as pessoas antes do negócio e dos resultados financeiros. Você pode me dizer que essa realidade não existe, ou que ela é um pouco fantasiosa, mas eu vou reforçar que não é, eu afirmo isso vendo como algumas empresas estão expandindo a suas visões e como elas estão mudando as suas culturas para colocar as pessoas antes do negócio e das finanças (Joly 2022), como consequência elas se tornaram competitivas e adaptativas neste contexto mercadológico incerto.

Eu sei que você que ocupa uma posição de liderança em uma empresa, nem sempre tem autonomia para definir como as pessoas são vistas pela organização, mas se você acredita que pode impactar positivamente as pessoas que trabalham com você, independente da empresa ou da sua liderança direta, isso certamente se tornará realidade. Eu vou te mostrar, neste capítulo, como você pode fazer isso a partir dos processos de gestão de pessoas, desde a entrada dos profissionais na empresa até uma eventual saída. Está pronto?

O ciclo de gestão de pessoas começa quando você decide contratar. Encontrar a pessoa certa para exercer a posição não é uma tarefa fácil, exige conhecimento aprofundado em atrair e selecionar de acordo com as competências e habilidades da posição. Existem empresas especializadas que prestam serviço em encontrar e pré selecionar candidatos, o que facilita muito o processo em pequenas e médias empresas. Já as grandes empresas, geralmente tem o seu próprio departamento de recrutamento e seleção, que funciona como um prestador de serviço interno. Essa "facilidade" pode ser uma armadilha para as lideranças porque teoricamente o trabalho do líder, nesse sistema, é esperar o candidato chegar para a entrevista e ele acaba por não se envolver nas etapas do processo.

É claro que algumas fases, como testes psicológicos e de personalidade, por exemplo, só podem ser aplicados, lidos e interpretados por psicólogos, no entanto, isso não tira a necessidade de acompanhamento e envolvimento da liderança em todas as etapas, desde o início até a entrevista final. Além disso, se você se envolver desde o início, você estará aprendendo cada vez mais a buscar e selecionar pessoas com assertividade (habilidade valiosíssima para a liderança). E como consequência você reduzirá significativamente o tempo da vaga em aberto e terá maior probabilidade de escolher a pessoa com o perfil mais aderente à posição, além de reduzir o desgaste da equipe por estar com uma pessoa a menos exercendo o trabalho.

Depois de selecionar a pessoa "certa" para a posição, ela precisa ser introduzida no contexto organizacional, entender o seu papel, as suas responsabilidades e como a empresa funciona. Algumas empresas chamam esta etapa de *onboarding* ou "ambientação". Mais do que conhecer a missão, visão e valores, ela precisa compreender a cultura organizacional e como as pessoas fazem as coisas, isso leva tempo porque o aprendizado passa por um ciclo que é vivenciado e processado de forma individual.

O ciclo de aprendizado pode ser resumido em quatro fases: na primeira fase, a pessoa terá contato com a nova informação; na segunda, ela vai processar e associar a informação com o conhecimento que ela já tem; na terceira fase, ela começará a fazer novas associações e somente na quarta fase ela conseguirá aplicar o novo aprendizado (adaptação de Argyris & Schön, 1996). Então, para que o aprendizado seja efetivo, cuide da pessoa nesta etapa, acompanhe, monitore, observe como ela está se adaptando, observe também como está a aceitação da equipe em relação a ela.

Se você perceber alguma resistência das outras pessoas, investigue os motivos e esteja sempre atento aos sinais, inclusive se você realmente acertou na admissão. Se você identificar que errou na escolha, nessa fase é muito mais fácil corrigir o erro do que meses depois, e isso vai fazer muita diferença na gestão e no bom desempenho da sua equipe.

Passada a fase de entrada, é natural iniciarem os questionamentos sobre as oportunidades de crescimento dentro da organização. O crescimento pode se manifestar por meio do aumento do conhecimento e aprendizado ou pelo crescimento na carreira. O crescimento por meio do conhecimento e aprendizado acontece quando a pessoa tem acesso ao desenvolvimento de novas competências e habilidades a partir da função que ela exerce. Geralmente acontece em formato de treinamentos ou por exposição a novos desafios na função. No entanto, não são quaisquer treinamentos que promovem esse efeito. Eles precisam ser muito bem pensados para refletir de fato o que se quer ensinar, treinar ou desenvolver.

De acordo com o modelo de aprendizagem da Andragogia (Learning Model), 70% do aprendizado do adulto acontece quando ele está vivenciando o que se pretende aprender, 20% quando ele está trocando experiências e informações e somente 10% do aprendizado acontece em sala de aula. Então, priorize a vivência quando definir a estratégia de desenvolvimento da sua equipe e promova o equilíbrio entre as frentes de aprendizado a serem implementadas. Além disso, estabeleça desafios constantes a fim de ampliar a visão, a percepção e a capacidade crítica na execução das tarefas cotidianas.

O crescimento na carreira se concretiza quando há movimentação de cargo e/ou de salário. As movimentações podem ser horizontais ou verticais. As horizontais acontecem quando há aumento de salário e se permanece no mesmo cargo. Exemplo: Analista Junior recebeu um aumento de salário por mérito e continua atuando como Analista Júnior, no mesmo nível de responsabilidade e entrega. Na movimentação vertical tem-se a chamada promoção com mudança de cargo e aumento salarial. Exemplo: Analista

Júnior teve promoção para Analista Pleno, nível de responsabilidade e de entrega acima da posição anterior.

Diante do exposto, no crescimento de carreira tem-se de tempos em tempos movimentações tanto horizontais quanto verticais e para que elas aconteçam de forma equilibrada, as empresas definem processos de avaliação de desempenho onde só poderão ser promovidos os profissionais que atingirem os critérios avaliados (cada empresa tem o seu método). O maior desafio na gestão do crescimento de carreira é direcionar os movimentos com transparência, comunicação clara e precisa. Quanto mais habilidade você tiver para conduzir essas conversas (*feedbacks*), mais você ajudará as pessoas a terem consciência do estado atual para construírem um caminho de promoções no futuro (*feedforward*).

Mesmo que você conduza a ambientação e o desenvolvimento das pessoas com habilidade, transparência e profissionalismo, você certamente fará algumas demissões na sua trajetória como líder. Não tem como fugir disso. Algumas lideranças acreditam que a demissão não precisa de muitos cuidados, mas eu afirmo que desligar da forma correta é tão importante quanto admitir a pessoa "certa". Eu já acompanhei muitos gestores que não sabiam o que fazer, o que falar, como falar e como lidar com a pessoa se ela não entendesse o desligamento e causasse problemas. Isso só reforça que para fazer um desligamento com segurança e destreza, é necessário aprendizado e treino, e isso vem com repetição.

Se você observar três coisas simples, você já terá 90% de chances de fazer um desligamento bem-feito. Primeira: tenha a certeza de que você fez o que podia para manter a pessoa na organização e que de alguma forma foi uma decisão dela não se manter: ou por falta de habilidade ou por questões comportamentais ou até mesmo por decisão voluntária. Lembre-se: Se você fizer os outros processos bem-feitos, certamente você terá total segurança na sua decisão. Segunda: conheça no detalhe o processo de desligamento da empresa. Existem alguns passos antes do desligamento e existem outros depois, esteja atento para não infringir nenhuma questão trabalhista e para não se colocar em situação difícil do ponto de vista legal. Inclusive, algumas questões se estendem por meses até que todo o fluxo com o ex-empregado seja encerrado. Terceira: esteja tranquilo e pronto para acolher. Para muitas pessoas, o emprego significa muito mais do que um contrato de trabalho, então de alguma forma, ela precisará ser amparada e cuidada, e será você a pessoa que estará na frente dela dizendo que ela não terá mais aquele emprego.

Enfim, mesmo que as empresas tenham processos de Recursos Humanos ou processos de Gente bem estruturados, o contato do funcionário com a empresa é por meio da liderança. As pessoas veem a empresa por meio de você e na maioria das vezes é por você, pela mensagem que você transmite que elas trabalham e seguem trabalhando. Então, faça valer cada dia como único para marcar e transformar a vida das pessoas. Lembre-se: os processos refletem a forma como a organização vê as pessoas e a sua forma de liderar e de fazer valer cada processo está em como você vê as pessoas na organização. Pessoas são únicas e elas não são resumidas em uma forma de fazer as coisas. Use os processos como um facilitador da sua gestão e não como a sua forma de gerir.

(Referências bibliográficas ao final do livro)

Use os processos como um facilitador da sua gestão e não como a sua forma de gerir.

Erika Guerra

FÁBIO ROCHA

Sou Fábio Rocha, nascido em Itumbiara/GO, sou casado com Dayse e pai de duas princesas chamadas Maria e Ana. Tive várias experiencias que me marcaram muito, fui militar, manobrista, entregador, professor, profissões essas que contribuíram para eu chegar aonde estou hoje, em que além de empresário, atuo como palestrante e mentor.

Sou formado em Educação Física e foi através do esporte que tive meus maiores aprendizados como líder. O grande desafio no mundo corporativo nos tempos atuais é fazer uma gestão de pessoas onde o líder consiga motivar, influenciar, inspirar e fazer com que todos tenham o senso de pertencimento, estejam engajados e comprometidos, consequentemente criando um ambiente onde todos se sintam acolhidos e possa transformar gestores, gerentes e chefes em verdadeiros líderes.

fabiorocha.b

liderfabiorocha@gmail.com

DNA DA LIDERANÇA

16

CULTURAS EMPRESARIAIS: DO DNA ORGANIZACIONAL AO SUCESSO COLETIVO

Por Fábio Rocha

Em toda minha jornada, quando comecei a empreender, eu tinha em mente que sozinho era possível construir uma grande empresa de sucesso e que não precisaria de mais pessoas, não haveria a necessidade de montar uma equipe, bastaria minha vontade e energia para empresa crescer, mas muitas crenças e medos dificultavam todo esse processo.

Confesso que eu era uma pessoa de mentalidade bem escassa, precisei vencer muitos traumas para de fato entender que sozinho ninguém faz nada, seria preciso ter um time pra que meu negócio alavancasse, mas foi buscando conhecimento, me conectando com novas pessoas, buscando me capacitar, que passei a ter outra visão. Sempre achei que eu poderia resolver tudo sozinho, lembro-me que, muito no início, assim que fundei minha empresa, fazia de tudo, atendia clientes, limpava os banheiros, era o famoso "faz tudo", resumindo, um empresário totalmente operacional, não tinha noção nenhuma de o que era ter um time e muito menos ser um líder.

Foi aí então que crescemos, comecei a contratar e treinar pessoas, e a partir disso fui entender o que realmente era ter uma cultura organizacional dentro de uma empresa. A importância de se ter ritos, rotinas e regras, que colocariam em prática o que eu batizei de "cultura de time campeão", com uma liderança muito presente e modelo para outras empresas, empenhando-se na responsabilidade de proteger os colaboradores e, ao mesmo tempo, os próprios colaboradores protegerem uns aos outros e fazer com que a organização cresça com eles.

Aqui, apresento 3 pontos para ser um grande líder:

1- **Conhecimento aplicável:** o líder precisa primeiro conhecer tudo sobre sua área de atuação, ele precisa enxergar todos os pontos cegos do time, conhecer cada colaborador, ensinar, direcionar e acompanhar dando total apoio para seus liderados.

2- **Resultado notável:** todos precisam reconhecer seu líder como referência, as pessoas precisam ver que ele está ali não porque foi colocado em um cargo e sim entender que sua liderança foi conquistada fruto dos seus resultados.

3- **Comportamento exemplar:** na liderança, o exemplo não é o mais importante, o exemplo é tudo.

Depois de muita vivência na prática, gerindo pessoas e convivendo em ambientes com diversas culturas, entendi a grande dor que nossos empresários passam atualmente e identifiquei muitas dificuldades, principalmente para implementarem padrões e regras no seu negócio, a maioria não conseguindo estabelecer um ambiente de apoio onde as pessoas se sintam acolhidas e ao mesmo tempo trabalhem com a percepção que ali naquela empresa estará progredindo, evoluindo, se desenvolvendo e mantendo sempre uma relação de confiança com todos do time.

Outro ponto fundamental é a responsabilidade do líder conseguir extrair o máximo de cada um da sua equipe na busca por resultados. Um dos maiores inimigos de uma cultura é a impaciência dos líderes, cobram resultados como qualquer gestor deve fazer, e não há nada de errado nisso, mas erram no básico, em gestão de pessoas, desde os recém-contratados até os que estão há algum tempo na empresa. Para que essa cobrança seja feita, tudo precisa estar muito bem alinhado entre ambas as partes, uma cultura onde valores e princípios são inegociáveis. O líder é o cara que podemos chamar de "guardião da cultura", ele precisa defender com' "unhas e dentes" aquilo que é mais valioso para o funcionamento da empresa.

Cultura não tem cópia, cada empresa tem uma identidade única, onde molda o comportamento dos membros do time, influenciando de forma direta como a companhia irá operar. A cultura não é aquilo que está pregado na parede e sim aquilo que é vivido todos os dias.

O que faz uma empresa forte não são seus produtos e serviços, não é o número de colaboradores e nem suas estratégias, o que faz uma empresa forte é a sua cultura. Ela é como uma semente que é plantada, precisa de preparação, um terreno fértil que precisa ter o tempo certo pra crescer e gerar frutos, precisa de cuidado e atenção. Tudo isso com clareza na instrução pra cada funcionário, colocando tudo o que pode e também o que não pode.

O que seus colaboradores dizem sobre sua empresa? Se você, líder, pensa que a empresa é uma coisa e o time diz algo diferente, então existe uma distância enorme entre o que você diz ser sua cultura e o que ela é de verdade. Isso compromete toda a rotina, faz com que as pessoas não se sintam confiantes para exercer o trabalho. E o resultado desse desalinhamento reflete diretamente nos clientes, que percebem como é a cultura organizacional da companhia. Os clientes também são os propagadores da cultura da empresa.

A maneira que os gestores tratam seus colaboradores é justamente como eles irão tratar os clientes. Muitos erros começam na contratação, pois a cultura é quem você coloca para dentro da empresa, é quem você coloca para fora, é quem você promove. Precisamos ter bem claro que o objetivo não é contratar pessoas apenas que tenham uma coleção de aptidões de que você, líder, necessita, o objetivo é contratar gente que acredita no que você acredita. Isso vai dar mais ênfase na força da sua cultura. A maioria das pessoas são contratadas pelas suas competências técnicas e são demitidas por problemas comportamentais.

Pensando em melhorar essa estatística que empresários, líderes e gestores passam dentro de suas organizações, coloco aqui os 4 C's que são fundamentais pra formar e monitorar seu time:

1. **Composição -** Quem são as pessoas que você irá contratar, quantas pessoas irão fazer parte do time e que perfil se adequa a esse time. Não é sobre ter os melhores, é ter as pessoas certas!

2. **Controle -** Qual a forma que controla o time, como vai medir os resultados, se vai ser através de *feedbacks*, reuniões e quais serão os indicadores, aquilo que não é medido não pode ser cobrado. Como extrair o melhor de cada um.

3. **Competência** - Quais são as habilidades que essa pessoa tem ou necessita ter, quais são seus pontos fortes, especificamente, quais são suas habilidades.

4. **Cultura** - Cabe ao líder implementá-la e vivenciá-la, deixar claro quais são os ritos, o que pode e não pode dentro da organização. Uma empresa é uma cultura!

Nos dias atuais, a grande dúvida dos líderes é: como manter todos os colaboradores motivados, comprometidos e envolvidos com a empresa? E minha resposta é bem clara e objetiva: tudo vai depender do líder, seu exemplo, sua conduta, sua postura e sua forma de agir, respeitando todos os princípios e regras pré-estabelecidas. E para exigir do time criatividade, seja você um líder criativo, se você quer um time de pessoas disciplinadas, seja você líder extremamente disciplinado, se você deseja ter um time comunicativo, trabalhe sua comunicação primeiro.

Valorize e tenha clareza quando cobrar, motivar, delegar sua equipe em relação à importância dos resultados e reconhecendo os esforços individuais e coletivos do time. Além disso, celebre as conquistas alcançadas, promovendo um ambiente de reconhecimento e engajamento. Sempre faça elogios ao time, demonstre interesse pelas pessoas, seja generoso e sempre enalteça as atitudes corretas dos colaboradores.

Quando temos um ambiente com condições favoráveis, onde as pessoas se sintam confiantes, valorizadas, onde todos cooperam uns com os outros, esses sentimentos são percebidos e sentido por todos, as pessoas entregam seu melhor, agem com autorresponsabilidade e trabalham juntas.

Por isso, acredito muito que motivação e treinamento geram resultados imediatos, descubra o que realmente motiva seu time, o que faz seu colaborador levantar da cama todos os dias, qual o sonho e quais projetos cada um tem e a partir daí fortaleça esse sonho junto com ele, mostre que com sua liderança ele será capacitado pra chegar lá! As pessoas agem pelos motivos delas e não pelos seus, ou seja, o que tem de mais importante para aquele ser humano que trabalha com você além dos objetivos da empresa é o sonho. Liderar é você entrar no sonho da pessoa, é você conquistar um espaço no coração dela e para isso acontecer, você, líder, deve ter comportamento exemplar. Entenda que a liderança é um estilo de vida, precisa ser vivida tanto dentro quanto fora da empresa.

Com todos esses conceitos aqui colocados em nosso capítulo, o que muitos líderes não percebem é que o problema não está nas pessoas. O problema está no ambiente que elas atuam. Durante toda minha jornada, tenho acreditado sim que é possível criar maneiras de melhorar a forma com que as pessoas trabalham juntas e aqui coloco um ponto crucial: todos membros precisam entender que somos um time e não uma família, como a maioria prega.

Vamos juntos dar o primeiro passo e já na prática colocar tudo em ação! Responda essas duas perguntas diante do atual momento que você, líder, está vivendo relacionado à cultura organizacional da sua empresa:

O que você precisa fazer mais na sua liderança?

O que você precisa fazer menos na sua liderança?

Liderar é você entrar no sonho da pessoa, é você conquistar um espaço no coração do seu liderado.

Fábio Rocha

FERNANDA SOLANO

Atuo há mais de 10 anos na área de desenvolvimento de pessoas e gestão de desempenho no segmento das organizações públicas. Experiência há mais de 20 anos como executiva e líder em empresas do segmento de telefonia e aviação.

Formada em Administração de Empresa, MBA em Desenvolvimento de Pessoas e Negócios pela Universidade Miguel Hernández – Espanha. Facilitadora do Programa Academia de Novos Líderes, coordenado pela Escola de Governo do Estado de Mato Grosso, nos módulos de Gestão de Equipes e *Feedback*, treinando mais de 300 servidores em competências de liderança. Atuei como facilitadora no programa de liderança da SEFAZ/MT e outros órgãos treinando mais de 500 líderes.

Especialista na implantação do Modelo de Gestão de Pessoas com Foco em Competências e Gestão de Desempenho.

fenandasolanooficial

+55 (65) 98402-7028

fernandamsolano@gmail.com

17 CULTURA DO FEEDBACK CONSTRUTIVO

Por Fernanda Solano

É amplamente conhecido que o mercado de trabalho está se tornando cada vez mais desafiador, competitivo e em constante evolução. Nesse cenário, uma habilidade se destaca como indispensável: a liderança. Estamos nos referindo não apenas aos cargos de chefia, mas às pessoas que possuem a competência de serem gestores de equipes.

As habilidades de liderança podem ser inatas para algumas pessoas, enquanto outras precisam desenvolvê-las através do autoconhecimento e do desejo de crescimento. Um grande desafio para as organizações é encontrar profissionais que possuam tanto habilidades técnicas *(hard skills)* quanto habilidades comportamentais *(soft skills)*. Um líder deve ser capaz de ter uma visão humana e técnica ao mesmo tempo.

As competências comportamentais são fundamentais para que um líder se destaque e obtenha resultados significativos. Embora um profissional possa aprender e se dedicar ao negócio no qual atua, a falta de profissionais com habilidades comportamentais muitas vezes leva as organizações a contratar indivíduos com habilidades técnicas elevadas para cargos de liderança. Infelizmente, são poucas as organizações que investem no desenvolvimento e treinamento de seus líderes em habilidades comportamentais.

As experiências que tive nas organizações dos segmentos de instituição bancária, aviação e telefonia me ajudaram a desenvolver a competência comunicação; dentro dela, as competências que mais fui exigida a desenvolver foram: escuta ativa, posicionamento, ser assertiva, ter empatia e falar em público.

Foram mais de 20 anos de desenvolvimento, pois ninguém nasce pronto, e garanto que é possível desenvolver algum comportamento que te impede de crescer, porém é necessário querer e ir para ação. Toda mudança gera desconforto, a primeira ação não vai sair perfeita, seu primeiro "Qualquer Coisa" será ruim, mas você não terá sucesso em nenhum deles sem fazer seu primeiro, é necessário ter humildade, aprender a desaprender, iniciar o processo de aprendizado até se tornar um hábito.

A autora e psicóloga Carol S. Dweck, no livro "Mindset", menciona que existe dois tipos de mentalidades, o de crescimento e o fixo. As pessoas de mentalidade de crescimento prosperam ao ir além de seus limites, enquanto as de mentalidade fixa perdem o interesse se as coisas forem muito desafiadoras, acreditando que a aptidão se revelará por si só, antes que ocorra qualquer aprendizado.

Quando assumi a minha primeira liderança, aceitei o desafio com muita insegurança e medo. Medo de não dar conta, de não atender às expectativas da equipe, e não tinha medo de assumir o negócio do setor, mas sim o de não conseguir lidar com as pessoas e suas diferenças.

Lembrei de um líder que tive no segmento de telefonia e comecei a anotar algumas coisas que ele me falava, e que fazia com a sua equipe, umas delas era reunir com cada um e conversar sobre a vida deles; ele dizia que não somos robô e sim seres humanos, e que não separamos a vida pessoal do profissional, portanto, precisamos conhecer a história das pessoas antes de julgar e rotular.

Ele fazia isso com muita frequência, adotou um ritual, esse ritual era prioridade e de fato funcionava. Tinha a oportunidade de conhecer o perfil de cada colaborador, isso facilitava colocar as pessoas nos lugares certos, proporcionava que elas trabalhassem com energia e brilho nos olhos.

Adotei a mesma prática, comecei a me reunir com cada colaborador, com o objetivo de conhecer sua história dentro e fora da organização, entender o comportamento de cada um foi uma experiência incrível. Entendi que nós, como líderes, necessitamos criar e permitir um ambiente para a comunicação fluir de maneira leve.

Eu tive muita sorte de ter alguns líderes incríveis na minha jornada, outros nem tanto, mas aprendi que cada ser é único e precisamos olhar o que as pessoas têm de melhor, potencializar seus pontos fortes e desenvolver pontos de melhorias.

Cada *feedback* dado serviu para o meu aprendizado, é claro que os primeiros *feedbacks* não processei muito, devido à falta de maturidade, mas alguns líderes me deram *feedback* de verdade e outros somente bronca. Dar bronca não gera aprendizado, somente frustração e constrangimento.

Infelizmente o *feedback* é uma das ferramentas mais mal utilizada no mundo corporativo. Uma história comum das organizações acontece quando os líderes recebem as diretrizes de dar *feedback* para suas equipes, porém não recebem o treinamento de como fazê-lo eficientemente. Alguns reclamam que, no máximo participam de palestras, onde abordam a importância do *feedback*, mas falam pouco da metodologia do como fazer.

Aprendi nessa jornada que nem sempre os líderes utilizam uma comunicação adequada, dependendo do perfil, pode ser baseada unicamente em decisões técnicas, sem escuta ativa e com pouca sensibilidade para a empatia. Muitas vezes, os líderes fracassam e são demitidos devido a seus comportamentos. Além disso, os membros da equipe também podem se demitir devido ao mau comportamento de seus líderes.

Quando um profissional assume um papel de liderança, ele se depara com diversos desafios e pode se sentir perdido. Muitas vezes, esse início de liderança é solitário, pois o profissional com perfil técnico tende a se concentrar nos processos e nos resultados das entregas, negligenciando o conhecimento de sua equipe e até de si mesmo. Embora possam surgir resultados, eles podem não ser duradouros, pois, por trás de metas e objetivos existe o comportamento humano e em algum momento será necessária uma comunicação efetiva com a equipe.

Um exemplo que gosto de citar é o do vendedor, pois para que um bom vendedor se torne um líder de vendedores, ele já deve possuir habilidades e técnicas de vendas avançadas. No entanto, para obter resultados em sua nova função, ele precisará desenvolver habilidades de liderança e gestão de pessoas. O líder atual deve ser capaz de gerir processos e ser gestor de pessoas, criando um ambiente que permita a comunicação e a cultura do *feedback*.

A comunicação não é somente a ação do falar, mas envolve muitas outras ações, como a escuta ativa, a empatia, assertividade, entres outras competências. Cada *feedback* oferecido com respeito se torna um meio de dizer à equipe o quanto o líder se interessa e apoia seu crescimento.

Feedback precisa ser construtivo, específico e ter evidências, para proporcionar uma conversa de aprendizado. Ao falar de um relatório, o líder necessita especificar o detalhe onde ele quer valorizar e potencializar o que ficou bom, e principalmente detalhar o que será necessário alterar, construir e desenvolver.

Outro exemplo é o do comportamento, o líder necessita ser específico no momento em que a pessoa agiu de forma que ele achou adequado ou inadequado. *Feedback* são conversas de alinhamento, todos nós precisamos de um direcionamento para saber se estamos na direção correta dos nossos objetivos e da organização.

Como criar a cultura do *feedback* construtivo?

Antes de pensar em criar uma cultura de *feedback*, deve-se partir do pressuposto que todos devem ser feitos da maneira mais humanizada e profissional possível. Essa é, afinal, a única forma de o *feedback* ter um resultado positivo e realmente gerar o impacto que se espera. As organizações precisam treinar e desenvolver seus profissionais de maneira assertiva na ação de dar e receber *feedback*.

A maioria dos profissionais, no início da jornada do autodesenvolvimento, precisa de suporte e treinamento. Líderes precisam gostar de pessoas, são as pessoas que fazem as organizações acontecerem e se manterem no mercado. Desenvolver a autoliderança, para depois desenvolver sua equipe.

Comece por ações simples, pois se a sua organização não criou o ambiente, crie você.

Permita e crie um ambiente colaborativo, é essencial para promover a sinergia organizacional e estimular a cultura do *feedback* construtivo. Faça um planejamento, crie rituais de conversas com cada membro da sua equipe, estimulando as pessoas a serem elas mesmas, evitando julgamentos e rótulos.

Stephen R. Covey, autor do livro "Os 7 Hábitos das Pessoas Altamente Eficazes", aborda que a essência da sinergia está em valorizar as diferenças mentais, emocionais e psicológicas, entendendo que a união de diferentes perspectivas pode gerar resultados ainda melhores. Sinergia é sinônimo de cooperação, contribuição, colaboração, participação, união e interação.

Para criar a cultura do *feedback*, é imprescindível criar a sinergia organizacional, é necessário permitir que cada membro da equipe desenvolva a escuta ativa e o respeito pelas diferenças. É importante reconhecer os talentos individuais de cada membro da equipe, identificando o que eles fazem de melhor, apoiando-os e contribuindo no desenvolvimento do que ainda precisam aprimorar. A comunicação clara e alinhada dos objetivos e entregas também é essencial, assim como acompanhar a jornada e o desempenho dos membros da equipe, em vez de apenas cobrar os resultados finais.

Além de criar um ambiente colaborativo, permita também outras ações de comunicação que potencializam o desempenho da equipe:

1 - Estabeleça um ambiente de aprendizado contínuo, seja acessível, faça rodas de conversas sobre um tema específico, promova uma cultura de aprendizado e abertura para o novo.

2 - Delegue as tarefas e metas adequadamente, de acordo com as habilidades e competências de cada um, valorizando seus talentos, e explicando de maneira simples e assertiva o que espera de cada um.

3- Faça um planejamento de reuniões assertivas semanais e mensais, focadas em temas específicos,com duração suficiente para focar no alinhamento da gestão de desempenho, gestão de resultados e diretrizes das ações futuras.

As pessoas são além dos negócios, não vamos desistir delas, pois não nascemos prontos, estamos constantemente em desenvolvimento.

Fernanda Solano

GABRIELA COVER

Me chamo Gabriela, minha formação é Psicologia e sou especialista em Liderança e Inteligência Emocional. Sempre fui apaixonada por entender o comportamento humano e estudar como a ambiência, as crenças e as emoções das pessoas refletem nos seus resultados em todas as áreas.

Me considero uma empreendedora de essência. Sou CEO e *founder* do Método Seja Líder, e ajudo inúmeras pessoas a iniciarem e potencializarem no empreendedorismo e liderança através de mentorias.

Há 15 anos atuo como mentora e treinadora de Liderança e Autoconhecimento. Já treinei mais de 30.000 líderes presencial e *on-line*. Acredito no poder do autoconhecimento e que não existe evolução e transformação sem olhar para dentro. Por isso, o meu conteúdo fará você entender que "tudo é sobre você."

seja.lider

+55 (49) 98834-2906

contato@treinamentosejalider.com.br

DNA
DA LIDERANÇA

18 LÍDERES QUE INVESTEM EM AUTOCONHECIMENTO SERÃO OS FAVORITOS NO MERCADO

Por Gabriela Cover

Durante minha trajetória como treinadora de lideranças, eu notei algo que diferenciava os líderes que tinham melhores resultados financeiros e conquistavam maior engajamento e produtividade do time, daqueles que estavam sempre reclamando da falta de pessoas com visão, atitude e sobrecarregados com o operacional. É notável a diferença entre os líderes que prosperam e os que reclamam e isso tem a ver com o nível de autoconhecimento e inteligência emocional.

Pergunte para qualquer pessoa ao seu lado se ela sente a diferença entre um líder que investe em autodesenvolvimento e aplica tudo que aprende daquele que passa a sua vida toda trabalhando e executando? Com certeza a resposta será SIM. Ela nota a diferença. Agora faça mais uma pergunta: o que é mais comum no mundo corporativo? Líderes preparados para lidar com emoções e comportamentos das pessoas ou líderes que dominam a parte técnica e operacional do negócio? E aí virá como resposta: o mais comum são líderes extremamente técnicos e voltados para resultados, os famosos gestores.

Eu acredito sim que um líder deve ter a rotina de um gestor, cuidar de números, processos, estratégias e resultados, mas a missão principal sempre será desenvolver as pessoas para serem melhores, mais realizadas, mais satisfeitas, produtivas e conectadas com o propósito do negócio. É aqui que se diferenciam os líderes dos gestores. Um líder, além de dominar a parte técnica, domina a si mesmo. Ele se mostra disposto a olhar para dentro, compreender suas emoções, pontos fortes e fraquezas, reconhecer suas falhas e melhorar-se em primeiro lugar, inspirando os demais como um exemplo.

As pessoas hoje querem trabalhar com alguém e não mais para alguém. Elas querem contribuir com ideias e não somente com a execução. Elas querem poder expressar a sua melhor versão. Mas isso só é possível se o ambiente criado pela liderança for fértil. Nos meus treinamentos eu uso muitas metáforas e uma das que eu mais gosto é a do solo fértil. Você pode ser a melhor semente, mas se não estiver plantada em um solo fértil nunca crescerá e dará frutos. O solo eu comparo com a cultura da empresa e qualidade das sementes que você vê brotando ali, e o líder é quem rega, cuida, faz a seleção e manutenção para que a semente esteja no melhor lugar e com as melhores condições para crescer. O líder é o responsável por cuidar do solo. Nem toda empresa é terra fértil, nem toda semente serve para a sua empresa.

No mesmo sentido, o autoconhecimento fará você identificar pessoas e lugares que fazem você acreditar ou duvidar de si mesmo. E nesse caso, o líder tem uma capacidade gigante de moldar como cada pessoa se vê. Seja para o bem, seja para o mal. Em muitas das minhas mentorias empresariais, acompanhando líderes, eu notava o reflexo disso. Aquele líder que se dedicava em potencializar pessoas e fazer com que elas se vissem de forma positiva e reconhecessem seus singulares talentos sempre tinha um resultado superior do que aqueles que esperavam que as pessoas viessem prontas e focavam nas limitações. Tem uma frase de minha autoria que traduz isso: "Não existe colaborador ruim. Existe o colaborador que ainda não encontrou um líder disposto a ajudá-lo a ser bom."

O líder que tem a paciência com o processo de desenvolvimento das pessoas também é alguém que tem paciência com o próprio processo. E o time sempre será um espelho do líder. Vou citar um exemplo. Fui mentora da Ana, nome fictício, ela liderava um time de 6 pessoas e sua principal queixa era que não tinham iniciativa e tudo precisava passar por ela. Eu comecei fazendo uma pergunta que deixou Ana desconfortável: "Você se considera uma pessoa controladora e tem dificuldade de confiar na entrega dos projetos que não são supervisionados por você?" Ela respondeu: "Controladora, não. Exigente, sim. E gosto de ter certeza que não haverá falhas". A nossa conversa foi longa, mas pela resposta você já pode notar como era Ana e porque ela reclamava da falta de autonomia. O time espelha a fraqueza de Ana. Ela não delega e não confia. Mas enquanto ela não reconhecer que o controle que ela tem sobre as pessoas reflete na própria queixa dela, continuará achando que o problema são os outros.

Vou trazer mais um exemplo, da mesma empresa, líderes diferentes. Mauro era um líder com uma energia positiva incrível. Espiritualizado, investia em terapia, cuidava da mente e do corpo. Dedicava muito do seu tempo aplicando *feedback* e desenvolvendo as pessoas. Usando as transformações pessoais como exemplo. Ele acreditava que vida profissional era um reflexo da vida pessoal, por isso, incentivava bons hábitos. Todo o time dele, de 10 pessoas, praticava leitura e atividade física regularmente e tinham fé em algo superior. Qual era seu diferencial? Mauro tinha um time com muita autonomia e senso de responsabilidade. O clima de trabalho era muito produtivo. Cada um sabia exatamente o que precisava ser feito e quando falhavam, reconheciam e aprendiam. Mas as pessoas não chegavam prontas. Isso era desenvolvido pelo líder com muita paciência e conversas de *one-on-one*.

Ao comparar os resultados de Mauro com os de Ana não fiquei surpresa. Os candidatos que passavam pelo recrutamento eram os mesmos. Mas os selecionados por Ana e Mauro eram diferentes, porque eles usavam critérios de escolha diferentes também. Os de Ana eram rígidos e metódicos enquanto os de Mauro mais flexíveis e dispostos ao aprendizado. O que explica isso? O espelhamento. Inconscientemente, você seleciona, atrai, contrata pessoas que refletem você, sejam suas qualidades ou suas fraquezas.

Quando o líder se dá conta que "tudo é reflexo dele" ele passa a olhar pro time como um *feedback* e tudo o que o desconforta ele resolve nele mesmo primeiro, através do autoconhecimento. Não é raro você ver líderes reclamando do próprio time, mas eu afirmo: o time que você tem hoje é um *feedback* para você. Os relacionamentos que você tem hoje é um *feedback* para você. O resultado financeiro, seu corpo, sua casa, sua saúde física e emocional, tudo isso é um *feedback* para você. Tudo é um reflexo da forma como você pensa, sente e vibra.

Se você acredita que as pessoas boas estão extintas no mercado, assim será. Se você acredita que as pessoas boas querem trabalhar com você, assim será. É um conjunto de crenças que você adquiriu durante suas experiências que determinam quem se conecta e quem se afasta de você.

Eu gosto da seguinte frase: "Gente boa quer trabalhar com gente boa e não aceita líder despreparado.". Algumas pessoas já entenderam que a carreira é delas e o emprego é da empresa e investem em autodesenvolvimento, se qualificam, buscam elevar seu valor pessoal e profissional constantemente. Esses profissionais também passam a ter um nível de exigência maior em relação à liderança e escolher com quem querem trabalhar. Agora eu te pergunto, especialmente a você que já lidera uma equipe: as pessoas escolhem trabalhar com você? Qual é o seu diferencial para extrair o melhor delas? O que o seu time tem refletido? Quanto do seu tempo você investe em autoconhecimento?

Perguntas como estas sempre fazem com que as pessoas avaliem o seu estado atual e se coloquem como protagonistas dos seus resultados, sem terceirizar as responsabilidades. Líderes que investem em autoconhecimento são capazes de fazer boas perguntas e isso possibilita com que cada um acesse sua melhor versão. As contratações passam a ser mais assertivas, as conversas de *feedback* mais verdadeiras e voltadas para o desenvolvimento mútuo, a busca por resultados mais focada em crescimento, a produtividade se eleva pelo clima proporcionado pelo time que resolve os problemas, o nível de maturidade dos pares aumenta, e consequentemente, as pessoas se sentem mais conectadas com o propósito daquilo que fazem e não vão embora.

Liderança não é cargo. São atitudes e comportamentos de alguém que deseja ajudar outras pessoas a vencerem. Cada pessoa tem um estilo, personalidade, emoções, manias e o líder precisa saber conduzir todas essas diferenças como um maestro, para que no final a equipe tenha resultados. Além disso, precisa de sensibilidade para falar o que precisa ser dito, não evitar as conversas difíceis, estabelecer regras e fazê-las funcionar, e o mais importante, saber a hora de desligar alguém. Tão importante quanto contratar bem, é desligar bem.

Parece óbvio, mas muito disso que eu acabei de citar, inúmeros líderes não conseguem ter excelência. Alguns se atrapalham na gestão por misturarem a amizade com o time, alguns não conseguem falar o que os desagrada por também não lidarem bem com críticas e outros se frustram quando se sentem sozinhos porque ninguém avisou que liderança é solidão. E como você melhora tudo isso? Com boas doses de autoconhecimento.

Eu desejo que você coloque isso como prioridade na sua jornada e compreenda que não existe crescimento na zona de conforto. Seu trabalho não é agradar as pessoas, mas sim torná-las melhores, e para isso acontecer haverá desconforto para ambos os lados. Use mais a sua intuição, ela é uma poderosa aliada da sua gestão. Por trás de toda pessoa existe uma história, feliz ou triste, e quanto mais você conseguir se conectar a isso mais você entenderá o que motiva e sabota cada um.

Um líder não é alguém que anda na frente para mostrar como ele faz. Um líder anda ao lado para como as pessoas podem fazer. Através das suas transformações internas e externas, eu espero que você seja um exemplo para quem lidera. Que falhar seja sempre permitido e que as pessoas possam aprender com a adversidade. Que o melhor de cada um seja reconhecido e que todas as vezes que elas pensarem em liderança, você seja citado como alguém que ensinou algo novo, fez elas se sentirem melhores e deixou um verdadeiro legado.

“

É tudo sobre você.

Gabriela Cover

”

GILDEMAR MATOS

Gildemar Matos, é empreendedor, mentor e *master trainer*, teve uma jornada marcada por superação e notáveis realizações.

Nascido em Camaçari/BA, atua como empresário no ramo de Treinamentos e Desenvolvimento Profissional e também no ramo da Comunicação Visual, além disto, desempenha um papel vital como líder pastoral ao lado de sua esposa, Eliane Matos, há mais de 12 anos. É filho de Graça Matos e tem um filho chamado Gabriel.

Sua dedicação à vida ministerial transcende as paredes da igreja que lidera, refletindo-se em um compromisso profundo com a comunidade. Compartilha sua sabedoria de forma leve e impactante, busca criar mudanças positivas indo além das fronteiras do trabalho, trazendo equilíbrio entre o lado profissional e pessoal dos seus alunos e clientes gerando assim qualidade de vida. Sua história é inspiradora e vale a pena conhecer mais.

gildemarmatos_
prgildemar
www.gildemarmatos.com.br

DNA DA LIDERANÇA

19 COMUNICAÇÃO ASSERTIVA: TRANSMITINDO SUA VISÃO COM IMPACTO

Por Gildemar Matos

Quem me assiste falar para milhares de pessoas nos eventos públicos ou para um grupo seleto de advogados, médicos, empresários e líderes de sucesso em meus treinamentos, nem imagina que fui um menino retraído, que mal falava e buscava o anonimato durante boa parte da minha vida. Acreditava que falar e influenciar pessoas não tinha nenhum sentido com o meu propósito.

Isto se deu pelo cenário em que vivi durante parte da minha infância: filho de pais separados, que também passavam por problemas financeiros, fui submetido a viver, por alguns períodos, em casas de parentes, e como eu era um "ser estranho" naquele ambiente, eu não podia chamar muito a atenção: "Se comporte!", era a frase que norteava toda minha estadia naquele novo lugar, e se assim não agisse, certamente eu teria que ser devolvido para a casa que anteriormente eu havia saído, não porque eu dava trabalho ou era um menino rebelde, muito pelo contrário, todos até hoje elogiam e atestam que sempre fui obediente e respeitador.

Por que estou te falando isto no capítulo deste livro? É simples, com o passar do tempo já na minha juventude, eu percebi que muitas atitudes estavam ligadas diretamente ao comportamento que eu tinha quando criança. De maneira nenhuma queria liderar, me agarrava aos bastidores, afinal, não estava acostumado a assumir o protagonismo nos ambientes que eu frequentei durante a minha história, me tornar um líder era imergir no desconhecido e teria que ter um esforço muito grande da minha parte assumir qualquer função que eu precisasse me expor e principalmente falar.

Poderia aceitar a limitação que a vida tinha me dado como única opção, e ser passivo diante de tudo que me travava, mas quando tive consciência que EU DECIDO VIVER MINHAS LIMITAÇÕES OU MINHAS POSSIBILIDADES, não aceitei esta opção, decidi encarar de frente os desafios e passei a abrir caminhos para as novas possibilidades.

Descobri então que um dos grandes desafios para se tornar um líder de sucesso passa pela maneira em que este se comunica, entender técnicas e ferramentas para desenvolver uma boa comunicação é indispensável para quem deseja realmente obter resultados exponenciais em qualquer área da sua vida.

Você pode até acreditar que existem pessoas que têm mais facilidade em se comunicar do que outras, mas não é sobre apenas falar e sim sobre gerar resultados extraordinários através da comunicação.

Vou compartilhar com você como eu saí dos bastidores para ter relevância e me tornar treinador de comunicação para líderes.

1. Comunicação clara

Esqueça aquela ideia que para ter uma boa comunicação é necessário um vocabulário requintado, cheio de palavras sofisticadas ou que é preciso ter algum talento especial; a boa comunicação é uma habilidade que pode ser desenvolvida por qualquer pessoa, independente de suas aptidões, pois para ter um excelente resultado será mais necessário entender a forma de linguagem do receptor.

Imagine que você viaja para um outro país, descobre que o idioma daquele lugar é diferente do seu país de origem e você nem sequer sabe pedir ajuda, ou até mesmo uma refeição; todo o seu conhecimento e vocabulário culto não adiantarão muita coisa, não é? Por isto, um líder precisa se adaptar às diversas formas de linguagens dos seus liderados para ser mais claro e assertivo.

Eu sei que isso pode ser contrário ao pensamento de muitos, como também era para mim, pois quando comecei a liderar, acreditava que a forma que eu me expressava estava muito clara, porém o resultado da equipe era totalmente diferente do que eu havia orientado; quando perguntava o que eles entenderam, parecia que estávamos participando daquela velha brincadeirinha chamada telefone sem fio, cada um com uma interpretação variada, mas lembrava que não havia ninguém entre nós para justificar todo o embaraço, a não ser uma grande falta de compreensão da minha parte quanto à linguagem que o outro conseguia entender com mais facilidade.

Em sua equipe, você vai notar que para obter um resultado de excelência, alguns precisam de mais detalhes, outros precisam de mais tempo, já uma outra parte precisa ser desafiada e outras querem reconhecimento.

2. Sempre que possível, fale o porquê, depois o quê;

Uma das chaves mais poderosas de uma empresa é quando todos os colaboradores entendem que a missão, visão e os valores da organização não são meros quadros bonitos ou frases de efeito, ou pelo menos não deveria, como em alguns casos, é sempre importante deixar bem claro para todo o time o porquê, assim, o "quê" vai ser muito mais fácil de ser entendido.

Veja a história de Ana, ela liderava uma equipe de vendas em uma empresa de tecnologia. Em uma reunião, ela anunciou: "A partir de agora, mudaremos nossa abordagem de vendas focando em novos segmentos de mercado." Antes que a equipe pudesse expressar preocupações, Ana explicou que a mudança era necessária devido à saturação no mercado atual. Ela compartilhou dados que mostravam oportunidades não exploradas em outros setores. Ao compreenderem o "porquê" da mudança, os membros da equipe abraçaram a ideia com mais entusiasmo, percebendo como isso poderia impulsionar seus resultados e a empresa como um todo. A transparência de Ana fortaleceu a confiança e a colaboração no time.

3. Gere pertencimento

Todo ser tem uma necessidade de pertencer a algo, veja como pertencer a uma torcida de um time de futebol, um partido político, um grupo religioso, fazem com que as pessoas sejam movidas por um entusiasmo e uma paixão fora do comum.

Conheci um empresário chamado Carlos. Ele percebeu que alguns funcionários estavam se sentindo desconectados e desmotivados. Visando mudar o cenário, resolveu implementar iniciativas na sua empresa. Em vez de apenas impor mudanças, Carlos envolveu os funcionários na elaboração de atividades sociais, eventos e programas de reconhecimento. Ele compartilhou a visão de construir uma cultura onde todos se sentissem valorizados e parte de algo significativo. À medida que as iniciativas eram implementadas, os funcionários começaram a se envolver mais, compartilhando ideias e colaborando em projetos de forma mais entusiasmada.

4. Alinhe as expectativas

O alinhamento de expectativa deve ser feito em todos os relacionamentos, não é sobre você dizer quais são as expectativas que você tem no outro, mas também saber o que o outro espera de você.

No ambiente profissional, garante clareza e eficácia na condução da equipe, não alinhe somente as expectativas de metas e objetivos, como também de atitudes e comportamentos. Esta comunicação aberta e franca estabelece confiança e permite que o time trabalhe de forma mais coesa na direção do objetivo compartilhado, construindo um ambiente de trabalho mais produtivo e satisfatório.

Me permita fazer um alinhamento de expectativa com você: o quanto está valendo a pena esta leitura? Espero que você entenda, melhor que ler mais um capítulo é colocar em prática todos os ensinamentos; não precisa terminar de ler todo o livro para começar a praticar, faça isto à medida que vai aprendendo cada chave compartilhada. Como eu falei, também quero saber qual é sua expectativa ao meu respeito.

5. Monitoramento e *feedback* constantes

O óbvio também precisa ser dito. Já tratamos isto neste capítulo, regras e procedimentos precisam ser lembrados constantemente, pois, naturalmente, aquilo que não alimentamos, morre, se não fosse assim, não precisaria de placas de sinalização de velocidade nas rodovias, apenas uma seria o suficiente. Na cabeça das pessoas, o que não é proibido, é permitido, por isso, como diria uma personalidade da TV brasileira, "a regra é clara", e realmente tem que ser.

Acompanhe as atividades que forem delegadas e busque uma forma de mensurar a evolução, é muito importante eliminar o gerúndio, que é a indicação de uma ação em andamento não mensurável, um processo verbal ainda não finalizado, aquelas palavras que terminam com o sufixo "ndo", (fazendo, indo, montando, fechando). Quando o assunto é acompanhamento, utilize uma forma de medida, como por exemplo, porcentagem ou indicador de 0 (zero) a 10 (dez). Ao terminar, forneça um *feedback* positivo ou de aprendizagem quando algo não sair exatamente da maneira esperada.

6. Transferindo a visão

Sua visão deve estar bem clara diante de todos, as pessoas não te seguirão por sua posição de hierarquia, ou pela imposição de uma ordem, as pessoas preferem seguir alguém pela visão que ele carrega.

Um líder com uma visão definida e extraordinária tem o poder de inspirar sua equipe, estimula a imaginação e senso de propósito compartilhado, além de cultivar a confiança e colaboração mútua.

Seja um modelo ético de comportamento, suas ações precisam estar bem alinhadas com as suas palavras, também mostre que você valoriza a contribuição de cada indivíduo para o sucesso desta visão.

Coloque sentimentos nas expressões, o brilho nos olhos e veja a mágica acontecer: uma equipe engajada no propósito e buscando o mesmo ideal.

Já chegando na parte final deste capítulo, vale frisar que uma boa comunicação não te fará um líder passivo, se tiver que agir, aja de forma imediata, mas certamente evitará os impulsos agressivos que costumeiramente vimos no passado.

Por maior que seja seu desafio, sempre escolha o caminho certo para que não coloque em risco tudo que você conquistou até aqui, evite expressões de raiva, hostilidade, linguagem ofensiva, falta de respeito e críticas pessoais; se tiver que fazer um *feedback* negativo, pontue a atitude de forma isolada e valide as características positivas do liderado.

Muita gratidão transborda em meu coração neste momento, busquei trazer aquilo que considero importante e compartilho nos mais diversos treinamentos, em inúmeras empresas que passei nos últimos anos, sei que você fará um bom proveito destes ensinamentos. Lembre-se que nenhum conhecimento será bom o suficiente se você não estiver disposto a colocá-lo em prática.

Eu decido viver minhas limitações ou minhas possibilidades.

Gildemar Matos

GUSTAVO BARROS

Prazer! Gustavo Barros, natural de Bauru/SP, fundador da Barros Projects. Sou apaixonado pelo desenvolvimento de líderes. Atuo como mentor, coach e consultor. Já treinei mais de mil líderes ao redor do Brasil.

Durante minha trajetória, atuei em indústrias nacionais e multinacionais, no Brasil e exterior. Meus resultados só começaram a aparecer quando resolvi estudar e me dedicar à gestão de pessoas.

Formação acadêmica: engenheiro de produção; MBA em Gerenciamento de Projetos; MBA em Gestão de Compras; especialista em Strategic Sourcing; certificações: *"Scrum Master"*; *"Personal & Professional Coach"*; *"Executive & Business Coach"*.

Tenho como ideal fazer a diferença através do desenvolvimento de pessoas para gerar resultados de forma sustentável.

barrosprojects

+55(14) 99806-0752

Gustavo Barros

gustavo@barrosprojects.com

@BARROSPROJECTS

20 O PODER DA ESCUTA ATIVA NA LIDERANÇA

Por Gustavo Barros

Me recordo de um jantar com minha esposa no qual estávamos sentados à mesa da copa conversando sobre o que vivemos nas empresas, sobre liderança e comportamentos humanos. Falamos sobre capacitação e comunicação. E, de repente, em determinado momento, ela me fez uma pergunta: "Você já reparou que existem diversos cursos sobre comunicação, mas nenhum específico sobre escuta?", e continuou comentando: "As pessoas não sabem ouvir."

Aquilo ficou na minha cabeça, comecei a resgatar em minha mente se já havia encontrado algum curso sobre escuta e não me vinha nada. Fiz uma rápida pesquisa e até encontrei alguma coisa, mas a maioria estava em tópicos dentro de cursos de "comunicação".

De fato, um dos grandes problemas no fluxo de comunicação é não ter uma escuta ativa. Em outras palavras, isso significa não absorver o que as pessoas estão dizendo.

Você já se viu na correria quando alguém tentou te contar algo e você estava no celular? Olhou para a pessoa rapidamente, ou nem isso, apenas consentiu e continuou com o que estava fazendo? Se sim, você se lembra bem do que ela te disse? Vou além: você realmente entendeu o que a pessoa precisava?

Analise comigo alguns aspectos. Tudo que fazemos e como reagimos passa uma mensagem. O fato de não olharmos para quem está nos dirigindo a palavra transmite a mensagem: "Você não é mais importante do que meu celular ou do que estou fazendo". Outro aspecto, o de apenas ignorar ou consentir sem absorver de fato a mensagem, pode fazer com que você concorde ou autorize algo que não deveria, simplesmente porque não estava prestando atenção.

Agora pense comigo como isso pode ser extremamente grave para um líder dentro de uma empresa, retomando estes 2 exemplos:

O primeiro deles, o de passar a mensagem oculta de que a pessoa não é importante. A consequência direta é a pessoa se sentir consciente ou inconscientemente diminuída e desprezada. Cada um vai sentir em um nível maior ou menor, dependendo de seu estilo comportamental e grau de sensibilidade, mas o fato é: será que essa pessoa vai se manter motivada dentro da sua equipe? Por quanto tempo?

O curioso é que vejo líderes reclamando sobre falta de motivação e engajamento, mas não percebem que pequenos detalhes e cuidados no dia a dia fazem a diferença. Não prestar atenção nas pessoas gera desconexão e afastamento, o que pode gerar um efeito cascata de desmotivação, baixa performance e resultados ruins para sua área.

No segundo exemplo, fingiu que prestou atenção e apenas consentiu para se livrar logo daquela pessoa. Já pensou se você autorizou algo que vai na contramão do que deveria ser feito por simples desleixo da sua parte? O que isso pode gerar de impacto na sua empresa? Te convido agora a refletir se você já fez isso e se algum eventual problema causado não poderia ser atribuído a este pequeno descaso.

Talvez você possa estar pensando: "Depois que a situação aconteceu é fácil dizer, pois afinal, no dia a dia, na correria o tempo é escasso, as emoções mudam, sofro pressões para resolver várias coisas e não tenho tempo para dar atenção a cada uma das pessoas que querem falar comigo".

E aqui eu gosto de fazer uma provocação: será mesmo que o caminho é se justificar? Ou entender que existem sim formas de estruturar e guiar para um caminho melhor, que aproximam as pessoas, te traz muito mais consciência do todo e te prepara para tomar decisões mais assertivas?

Este caminho que menciono deve ser percorrido através do desenvolvimento de habilidades e competências *"soft"*, ou seja, comportamentais. Aqui, em particular, a "escuta". Como então é possível melhorar nossa escuta para entender melhor e elevar nossas percepções? A boa notícia é que é mais simples do que se pode imaginar.

Em suma, precisamos "ouvir ativamente" e estruturar nossa escuta. Explico melhor a seguir. Mas vamos começar explicando o que é de fato a escuta ativa. Esse termo refere-se a estar verdadeiramente presente na conversa, de corpo e alma, sem distrações como celular, computador ou outros ruídos que possam desviar sua atenção e prejudicar seu nível de consciência.

A forma de fazer isso na prática é se colocar 100% presente em uma reunião ou na comunicação quando alguém vier até você. Permaneça atento ao que as pessoas te dizem (linguagem verbal) e também como elas te dizem (linguagem não verbal). Sinta as emoções, as expressões, pois a linguagem do corpo e tom de voz complementam e muito o que é dito, muitas vezes dizem até mais que as próprias palavras em si.

Permita-se deixar se envolver pelo tema, independente se você gosta ou não daquele assunto, se tem afinidade ou não. Em uma posição de liderança existirão diversos assuntos não agradáveis, mas que demandam sua atenção e podem gerar muitos impactos, sejam positivos ou negativos, se você não se envolver, direcionar ou delegar adequadamente.

Ouça ativamente para ampliar sua compreensão do todo, das pessoas e do que ocorre ao seu redor. Isso aguçará sua percepção, permitindo enxergar muito além do que seria possível caso negligenciasse o processo de comunicação através da escuta. E tem como você estruturar a escuta para melhorar suas habilidades. Os 4 passos para uma escuta estruturada são: encorajar, esclarecer, sintetizar e gerar reflexão. Vamos explorar o que envolve cada um deles.

➤ **Passo 1 - Encorajar:**

- Torne-se acessível para as pessoas; permita e estimule que elas venham até você ou entrem em contato.

- Quando isso acontecer, adote uma postura amigável, mostre-se interessado e estimule-as a se expressarem, destacando também o que esperam de você.

➤ **Passo 2 - Esclarecer:**

- Em cada conversa, nunca saia com dúvidas, tenha certeza que realmente compreendeu as mensagens. Se não estiver claro, faça perguntas, peça exemplos, mas se faça entender.

➤ **Passo 3 - Sintetizar:**

- Ao final da conversa, resuma o que foi discutido, mas não apenas para si mesmo, fale em voz alta o que entendeu para as pessoas te ouvirem e peça uma confirmação para garantir que os pontos principais foram compreendidos corretamente. Esta ação gera oportunidade para eventuais correções de má interpretações ou percepções e é um passo importante para validação.

➤ **Passo 4 - Gerar reflexão:**

- Este passo pode parecer óbvio, mas acredite, precisa ser lembrado, pois de nada adianta ouvir ativamente, estruturar sua escuta até o passo 3, se não fizer nada a partir disso. Portanto, separe alguns minutos para digerir e definir o que precisa ser feito a partir dessa conversa. Qual o próximo passo?

Espero que esteja ficando mais claro que é possível ajustarmos nosso comportamento para uma melhor escuta e que tenha percebido a importância e impacto da falta dela.

Mas ainda assim existem dificuldades, adversidades que podem atrapalhar, como por exemplo, o que fazer quando estou com pouco tempo e a pessoa vem falar comigo? Como não demonstrar ansiedade ou me envolver na conversa se estou com pressão com outro assunto importante naquele momento?

A resposta está em alinhar expectativas com seu interlocutor. Deixe claro o tempo que dispõe naquele momento e se não for suficiente, então sugira agendar um horário. Traduzindo para a prática: seu liderado chegou a sua mesa dizendo que tem um assunto que precisa da sua ajuda 13 minutos antes de uma reunião importante, que você precisa participar. A postura adequada é dizer ao liderado que você tem apenas 10 minutos, pois precisa se deslocar para uma reunião que se inicia em 13. Pergunte se esse tempo seria suficiente para a conversa, se sim, esteja disposto a ouvir ativamente. Caso não seja, definam entre si qual o melhor horário na agenda de vocês para terem essa conversa.

Pronto, alinhamento de expectativa feito. E quando a conversa iniciar, permita-se envolver e conectar-se com o assunto.

É bom ressaltar também que o ato de se envolver, estar 100% presente na comunicação, pode não ser tão simples na prática se estiver com a cabeça quente e cheia de assuntos. Então, para contribuir para o desenvolvimento desta competência, gostaria de destacar alguns comportamentos ou sinais que você precisa **evitar** durante a conversa.

1) Ficar olhando para o relógio; se necessário, olhe discretamente.

2) Desviar a atenção para assuntos não relacionados com o tema em si.

3) Se antecipar achando que sabe o que o(a) profissional vai dizer.

4) Fazer juízo de valor sobre o que está ouvindo, o que é verdade para você pode não ser para o outro.

5) Gerar comunicação não verbal negativa. Por exemplo, demonstrar cara feia, ficar com braços cruzados, ou balançar a cabeça negativamente.

E por fim, durante o processo de escuta, um líder deve essencialmente fazer mais perguntas do que dar opiniões e comandos. Demonstrar empatia, sendo que isso não significa concordância ou discordância, mas sim entendimento e análise. A arte de fazer perguntas inteligentes e poderosas é uma competência a ser treinada e desenvolvida para complementar sua escuta e também se posicionar como *coach* de seus liderados.

Refletir sobre a importância da escuta ativa nos faz perceber que, muitas vezes, a verdadeira compreensão vai além das palavras ditas. A capacidade de ouvir também com o coração nos leva a uma conexão mais profunda com nossa equipe e colegas.

Ao adotarmos a escuta como uma ferramenta poderosa, transcendemos barreiras, construímos pontes de compreensão que elevam não apenas nossa liderança, mas também o clima e o ambiente no qual estamos inseridos.

Agora, é sua vez de agir. Tanto como líder comprometido quanto com alguém que entende o valor da escuta ativa. O que você pretende fazer com a reflexão deste capítulo? Lembre-se do "Passo 4 – Gerar Reflexão". De nada adianta apenas adquirirmos conhecimento se nada fazemos com ele. Portanto, te convido agora a pensar, anotar e se comprometer com o que você precisa fazer para se melhorar como ouvinte.

Desafie-se a praticar a escuta ativa e perceba como isso pode transformar seus relacionamentos e impulsionar sua carreira.

Um líder deve fazer mais perguntas e ouvir ativamente do que dar sugestões e comandos.

Gustavo Barros

JÉSSICA DA SILVA

Me chamo Jéssica da Silva, casada com Nayara Caligares, de Ribeirão Preto/SP, guiada pela fé cristã. Especialista em *Coach Business* e PNL, trilho uma jornada de 4 anos na gestão de clínicas odontológicas.

Atualmente, sou diretora comercial e treinadora de alta performance no time Caligares. Como COO nos últimos 3 anos, testemunhei uma transformação incrível, elevando o faturamento de 300K para 3M ao ano.

Minha paixão é o desenvolvimento profundo das pessoas, conduzindo-as aos seus propósitos autênticos. Minha missão: inspirar indivíduos a atingirem metas pessoais e liderar o time na busca incansável pela EXPANSÃO DA MARCA.

Cada palavra que compartilho transmite não apenas conhecimento, mas uma chama de inspiração e transformação. Este livro é a extensão desse compromisso, uma jornada rumo ao nosso potencial ilimitado.

jessicada.ssilva

+55 (34) 99142-4736

Jéssica da Silva

dasilva.jessicaaa@gmail.com

21 LUCRO EXTRAORDINÁRIO: DE 300 MIL PARA 3 MILHÕES

Por Jéssica da Silva

Minha jornada na Clínica Caligares, desde 2020, foi marcada por uma ascensão desafiadora na área de vendas. De vendedora à gestora comercial, enfrentei obstáculos que moldaram minha visão e liderança. A descoberta crucial veio ao perceber que excelência em vendas não garante maestria na gestão. Uma lição aprendida, às vezes, da forma mais difícil.

Nos primeiros anos de liderança, minha imaturidade refletiu-se em dificuldades para delegar e monitorar métricas. A crença equivocada de que uma pessoa deve realizar todas as etapas do processo (pré-vendas, vendas e pós-vendas) prejudicou meu desempenho nos primeiros seis meses. A importância de investir em talento humano e evitar custos desnecessários em demissões tornou-se evidente, resultando em um prejuízo de 40 mil reais no primeiro ano.

Mas, Jéssica, por onde devo começar? Escolha as pessoas de maneira cuidadosa; minha virada veio com uma abordagem estratégica no recrutamento. Em 2023, obtivemos um crescimento impressionante de 42%, fruto da escolha cuidadosa de colaboradores adaptáveis e ávidos por aprendizado. Outro fator importante foi estabelecer as expectativas que os colaboradores em relação a nossa empresa e vice-versa, nossas expectativas sobre os resultados que eles deveriam entregar. Esse alinhamento trouxe uma visão clara de onde estávamos e para onde queríamos ir. Para isso, implementei uma gestão de indicadores que seguia a seguinte ordem:

1. Número de novos *leads* (clientes ou pacientes) criados por mês e qual foi a fonte da geração desse *lead* (informação importante para as estratégias de Marketing).

2. Qual foi a taxa de conversão de *leads* (acompanhamento semanal e em nossas empresas tem que ser acima de 50%).

3. Qual foi o número de oportunidades qualificadas por mês, não efetivadas, e o valor que isso acrescentaria em vendas nos próximos meses (*follow up*).

Essa última certamente alavancou as nossas vendas, pois a cada três meses fazemos plantão de implantes em cima dos indicadores que não foram fechados nos meses anteriores. Ofereço várias sugestões em meu perfil do Instagram e sugiro a leitura do livro Receita Previsível, de Aaron Ross - caso queira saber mais.

Feito isso, é chegada a hora de falarmos da relação entre METAS CLARAS e LUCRO, não é mesmo? Preciso confessar, ela foi desvendada ao longo do percurso. Cinco passos foram adotados em 2023:

1. **Orientação estratégica -** Definir metas semanais em reuniões estratégicas com nossa CEO, Nayara Caligares, estabelecendo uma visão de curto e médio prazo.

2. **Motivação dos colaboradores -** As metas fornecem direção, aumentando a motivação e engajamento, resultando em produtividade e lucratividade.

3. **Monitoramento e avaliação -** A gestão à vista avalia o desempenho, permitindo ajustes e estratégias corretivas nas áreas-chave.

4. **Comunicação eficaz -** Metas claras alinham todos os departamentos, facilitando a colaboração para alcançar resultados comuns.

5. **Tomada de decisões informadas:** Metas financeiras específicas guiam decisões, otimizando alocação de recursos e direcionando investimentos.

Pergunta frequente: Como definir minhas metas e como projetar um time e processos autogeríveis?

Você está pronto(a) para mudar sua empresa para um modelo autogerido? Digamos que você tenha aplicado os ensinamentos anteriores e tenha avançado até aqui, à medida que reflito sobre a trajetória desafiadora e repleta de conquistas na Clínica Caligares, desde a minha entrada em 2020 até a atual posição como gestora comercial, percebo que a verdadeira essência de nossa jornada vai além dos números de vendas e gestão. É uma narrativa de transformação, aprendizado constante e, acima de tudo, um comprometimento inabalável com a excelência.

Exemplo disso foi fomentar uma liderança envolvente. Acredito que o time é reflexo de suas lideranças. Trabalhar incansavelmente com o meu time comercial foi fundamental. Refletir sobre a satisfação deles, oferecer oportunidades de crescimento e investir no desenvolvimento pessoal são práticas que diferenciam os pequenos dos grandes empresários. O sucesso não é apenas resultado de ordens, mas de uma liderança envolvida e proativa.

***Case* de sucesso: De 300 Mil para 3 Milhões**

O ápice dessa jornada foi a transformação notável de nosso faturamento empresarial. Em 2020, enfrentamos desafios e um modesto faturamento de 300 mil reais. No entanto, ao implementarmos esses princípios mencionados anteriormente em 2023, testemunhamos um crescimento extraordinário para 3 milhões de reais. Este não é apenas um número, mas um testemunho de que nossa missão, visão e cultura não são apenas aspirações, mas impulsionadores reais de sucesso.

Este case de sucesso não é apenas sobre cifras, mas sobre como uma cultura forte, uma liderança envolvente e metas claras podem transformar obstáculos em oportunidades. Estamos moldando um legado na Clínica Caligares, onde não apenas vendemos serviços de saúde, mas construímos um futuro próspero.

Oriento que a sua missão transcenda o atendimento ao buscar incessantemente a excelência na construção de relações duradouras e na entrega de soluções que vão além das expectativas.

Espero que você, como líder, transforme vidas através de serviços de excelência, construindo relacionamentos sólidos e impactando positivamente seus colaboradores.

Vislumbre um futuro no qual você seja reconhecido não apenas pela liderança de qualidade, mas também como referência em comprometimento com o desenvolvimento humano. Essa visão vai além do presente, projetando-se em um horizonte onde cada colaborador, paciente e/ou parceiro sinta-se parte de uma jornada de crescimento e realização.

Tenho a visão de sermos a principal instituição de saúde, reconhecida nacionalmente pela excelência em serviços, inovação e compromisso com a melhoria contínua, impactando positivamente a vida das pessoas.

Cada passo em minha jornada é permeado por uma cultura sólida, moldada pelos valores que fundamentam nossas decisões e ações diárias. A transparência, a integridade e a empatia são os pilares que sustentam a relação entre nossa equipe, clientes e a comunidade. Somos mais do que prestadores de serviços; somos uma família comprometida com o bem-estar e o sucesso mútuo.

Em resumo, na Clínica Caligares, nossa missão, visão e cultura convergem para criar uma narrativa de comprometimento com a excelência, inovação e impacto positivo. Nossa jornada é guiada por metas claras, controle de métricas, liderança envolvente e uma busca incessante pela transformação positiva, não apenas na saúde, mas em todos os aspectos de nossas vidas.

Construindo metas financeiras e implementando a previsibilidade de faturamento: uma abordagem estratégica

Definir metas financeiras específicas foi fundamental para alcançar o crescimento desejado de faturamento, passando de 300 mil para 3 milhões. Ao considerar o ponto de equilíbrio, custos fixos e variáveis, aqui estão alguns tópicos que me ajudaram a estruturar minhas metas financeiras:

- **Análise atual**

Implementei BPO e contratei uma auxiliar administrativa para avaliar os custos fixos e variáveis atuais. Além disso, foi crucial identificar meu ponto de equilíbrio atual em termos de faturamento.

- **Aumento gradual do faturamento**

Estabeleci metas mensais/semestrais/anuais para o aumento gradual do faturamento, relacionando metas de faturamento com custos variáveis associados.

- **Estratégia de precificação**

Revisei e ajustei minha estratégia de precificação para refletir o aumento de valor percebido pelo cliente. Monitorei a elasticidade da demanda para fazer ajustes contínuos nos preços.

- **Negociação com fornecedores**

Renegociei contratos com fornecedores para obter condições mais favoráveis. Estabeleci metas para a redução de custos por meio de negociações.

• **Investimentos em marketing**

Desenvolvi estratégias de marketing para aumentar a visibilidade e atrair novos clientes. Estabeleci metas de retorno sobre o investimento em campanhas de marketing.

• **Controle de despesas fixas**

Analisei e identifiquei oportunidades para reduzir despesas fixas sem afetar a qualidade ou eficiência. Estabeleci metas específicas para a redução de despesas fixas.

• **Acompanhamento e revisão contínua**

Implementei sistemas de monitoramento regular para avaliar meu progresso em relação às metas. Realizo revisões periódicas para ajustar minhas estratégias com base nos resultados alcançados.

Lembre-se de que estes são tópicos gerais e é crucial personalizar as metas de acordo com a natureza específica do meu negócio e do setor em que opero. Além disso, adaptar e ajustar as metas conforme necessário ao longo do tempo é uma prática importante para enfrentar mudanças no ambiente de negócios."

Ao concluir esta jornada de reflexões e estratégias, convido você, estimado leitor, a embarcar na fascinante jornada da liderança transformadora. Na Clínica Caligares, aprendi que liderança vai além de números e métricas; é sobre forjar relações sólidas, cultivar uma cultura de excelência e impulsionar positivamente vidas. As lições compartilhadas, desde a ascensão desafiadora na área de vendas até a notável transformação de faturamento, são testemunhos tangíveis de como metas claras, liderança envolvente e uma busca incessante pela excelência podem moldar não apenas o sucesso empresarial, mas também um legado duradouro.

Que esta obra sirva como guia inspirador para líderes visionários que buscam não apenas alcançar metas financeiras, mas construir organizações que transcendam o ordinário, impactando positivamente suas equipes, clientes e comunidades.

Que cada página inspire ação, reflexão e, acima de tudo, um comprometimento inabalável com o desenvolvimento humano e a construção de um futuro próspero. A liderança é uma jornada contínua, e que este livro seja uma bússola confiável em seu caminho para a excelência e impacto positivo.

Metas claras, liderança envolvente e métricas guiam nossa jornada para um futuro LUCRATIVO. Excelência é o legado de impacto e sucesso.

Jéssica da Silva

DESCUBRA SEUS PONTOS FORTES 2.0
TOM RATH
DESCUBRA SEUS PONTOS FORTES 2.0
ELSEVIER
Pipeline da liderança
CAMPUS
a loja de tudo
JEFF BEZOS
E A ERA DA AMAZON
BRAD STONE
JOSÉ ROBERTO MARQUES
LEADER COACH
GESTÃO HUMANIZADA DE PESSOAS
JOSÉ ROBERTO MARQUES
COORDENADOR EDITORIAL
SER LÍDER E FORMAR LÍDERES
Drucker | O Gestor Eficaz
LTC

LÍGIA SILVESTRE

Me chamo Lígia, sou consultora e mentora de liderança humanizada. Nascida no interior de São Paulo, resido atualmente em Osasco. Formada em Processos Gerenciais, MBA em Transformação Digital e Futuro dos Negócios, MBA em Gestão de Empresas e MBA em Gestão de Pessoas.

Atuo no ambiente corporativo desde 2005, iniciando minha carreira como auxiliar administrativo e alcançando o cargo de diretora de pós-vendas numa multinacional. Durante essa jornada, minha missão se consolidou: desenvolver líderes que não apenas lideram, mas inspiram suas equipes a atingirem seu potencial máximo, promovendo um ambiente de trabalho saudável e empático.

Agora, com entusiasmo, desejo compartilhar com um público mais amplo as experiências e lições que acumulei durante minha jornada na gestão e liderança e ser canal de transformação para um ambiente organizacional mais humano e sustentável.

resultando_consultoria
+55 (11) 98977-5044
Lígia Silvestre da Silva
ligia@resultando.com.br
www.resultando.com.br

22 LIDERANÇA HUMANIZADA: O DNA DA ALTA PERFORMANCE

Por Lígia Silvestre

Durante décadas, a sociedade foi doutrinada a valorizar exclusivamente a produtividade, onde o valor de um indivíduo era rigidamente mensurado pelos resultados que este era capaz de entregar em suas atividades. Esse estilo de gestão e liderança moldou mentes e comportamentos, perpetuando a ideia de que a validação pessoal residia unicamente na capacidade de gerar conquistas possíveis de mensurar. Mas a que custo essa eficiência era conquistada?

À medida que as pessoas se dedicavam e buscavam por esta eficiência desenfreada, um fenômeno silencioso começava a fazer parte da vida destes indivíduos. Começamos a presenciar pessoas visivelmente cansadas, sobrecarregadas, abrindo mão do convívio familiar e social. Mas essa situação não pode ser considerada responsabilidade única e exclusiva dos colaboradores que aceitaram esse desafio, ela é compartilhada com as empresas que negligenciaram a saúde mental e emocional de seus funcionários, trazendo para dentro do ambiente de trabalho o estresse como combustível principal para produzir o que se era esperado.

A pandemia do COVID-19 instigou uma transformação significativa nesse cenário, no Brasil, a partir de fevereiro de 2020, marcado pelo estabelecimento do primeiro período de quarentena no país. Essa conjuntura demandou uma adaptação imediata de toda a cadeia produtiva, visando manter a produção e minimizar as perdas durante esse período desafiador. O surgimento do trabalho remoto e as dolorosas perdas de entes queridos desencadearam a busca pela valorização do bem-estar acima de ganhos financeiros ou *status* social. Com essa nova realidade, as organizações se viram diante de um desafio inédito, exigindo uma revisão profunda em suas práticas de gestão e liderança. Tornou-se imperativo que o indivíduo fosse não apenas reconhecido, mas também ouvido, compreendido e colocado como uma prioridade, sem que isso comprometesse as metas preestabelecidas. À medida que a consciência sobre a importância do equilíbrio entre vida profissional e pessoal começou a emergir, uma nova realidade surgiu: para continuar produzindo e crescendo, era necessário humanizar a gestão e liderança nas empresas.

Nesse novo cenário, a busca pela excelência e produtividade continua, mas agora com uma compreensão mais profunda de que a verdadeira eficiência não se resume apenas a números e gráficos. Ela floresce quando as pessoas são incentivadas a serem plenas em todas as áreas de suas vidas, construindo um caminho sustentável para o sucesso que vai além dos limites de uma métrica simplista. A sociedade, finalmente, começa a perceber que a verdadeira eficiência não é apenas mensurada em resultados tangíveis, mas na saúde e felicidade das pessoas que a sustentam.

Embora essa nova percepção já esteja presente nas organizações, enfrentamos o desafio contínuo de formar líderes capazes de conduzir suas equipes de forma humanizada. O investimento no desenvolvimento de habilidades de liderança ainda não é uma realidade em muitas empresas. A cada dia, novos líderes assumem cargos de gestão ou posições que demandam habilidades para liderar, sem o devido preparo. Diante desse desafio, esses líderes se veem compelidos a entregar resultados a qualquer custo, correndo o risco de não se manterem na posição. Infelizmente, muitas vezes a culpa recai sobre o líder, ignorando a falta de oportunidades para o desenvolvimento de novas competências e habilidades. A mudança desse cenário requer conscientização por parte de profissionais e empresários sobre o impacto que a liderança, positiva ou negativa, pode ter no negócio.

Os novos líderes precisam desenvolver competências para gerenciar o desempenho de suas equipes e orientá-las em direção à excelência. Nessa nova fase, é crucial que compreendam que o conhecimento técnico e os resultados passados são apenas partes do processo e não serão prioridades daqui para frente. É fundamental que percebam que os desafios futuros estarão relacionados a habilidades comportamentais, como comunicação eficaz, gestão emocional própria e dos liderados, resolução de conflitos e motivação.

No caso dos empresários, o desafio é fazer com que compreendam que seus líderes são responsáveis por implementar a estratégia do negócio e garantir o alcance das metas e objetivos. Um líder à frente da empresa, sem o devido direcionamento e capacitação, pode impactar não apenas as metas estipuladas, mas também resultar em situações mais críticas que acarretam custos, como perda de talentos, despesas com recrutamento, processos trabalhistas, perda de clientes, entre outros. Independentemente do lado que você esteja, seja de líder ou empresário, entenda que cada decisão tomada impacta no bem-estar do funcionário e consequentemente seu engajamento e resultados.

Conduzir equipes rumo à excelência vai muito além de simplesmente gerenciar tarefas e cumprir metas. Requer uma compreensão profunda das complexidades humanas, a habilidade de lidar equilibradamente com as expectativas da empresa e dos colaboradores. Colocar as pessoas no centro das práticas de gestão é a base para uma liderança eficaz e, nesse contexto, a liderança humanizada emerge como um poderoso catalisador para o desenvolvimento e desempenho excepcionais.

A essência da liderança humanizada reside na compreensão de que, por trás de cada comportamento e ação, há um vasto universo de crenças, valores, perfis comportamentais, emoções e aspirações individuais. Cada membro de uma equipe é um ser único, moldado por experiências, influências e perspectivas próprias. Ignorar essa diversidade é negligenciar uma fonte valiosa de potencial e criatividade. É crucial perceber que a liderança humanizada não é apenas um conceito abstrato, mas uma prática concreta que se reflete na rotina diária de um líder. Significa estar atento às nuances pessoais de cada colaborador, entendendo que o desempenho no trabalho é um reflexo não apenas das habilidades técnicas, mas da interação entre a bagagem individual e as demandas profissionais.

O desenvolvimento de uma equipe de alta performance começa quando o líder se torna um observador atento das crenças e valores que impulsionam as ações de sua equipe. Isso requer paciência e empatia, pois as motivações podem ser profundas e muitas vezes sutis. Ao compreender as motivações intrínsecas, um líder pode alinhar as expectativas da empresa com os valores individuais, criando um ambiente onde cada membro da equipe se sinta compreendido e valorizado.

O aspecto emocional também desempenha um papel crucial na liderança humanizada. Reconhecer e validar as emoções dos colaboradores não apenas fortalece os laços interpessoais, mas também contribui para um ambiente de trabalho mais saudável e produtivo. A empatia é a ferramenta que permite aos líderes conectarem-se verdadeiramente com seus liderados, construindo relações de confiança que transcendem as barreiras profissionais.

Saber adaptar o estilo de liderança a cada indivíduo é a principal característica de um líder humanizado. Compreender que diferentes indivíduos demandam diferentes formas de liderança implica flexibilidade e abertura por parte do líder. Um estilo de liderança que funciona bem para um colaborador pode não ser eficaz para outro. Portanto, a capacidade de ajustar a abordagem conforme as necessidades individuais é uma habilidade valiosa que impulsiona a excelência da equipe.

O conhecimento técnico é, naturalmente, uma parte fundamental da equação. A liderança humanizada não sugere que as competências técnicas e os resultados sejam secundários, mas destaca que, para alcançar a alta performance, é necessário harmonizar essas habilidades com a compreensão profunda das pessoas. A combinação de expertise técnica, resultado e habilidades interpessoais cria um líder completo, capaz de inspirar e orientar sua equipe de maneira eficaz.

Além disso, a liderança imediata desempenha um papel crucial no desenvolvimento de equipes excepcionais. Quando os líderes de níveis mais altos incorporam princípios de liderança humanizada, estabelecem um padrão que permeia toda a organização. Esse alinhamento entre líderes de diferentes níveis reforça a cultura organizacional de qualquer negócio, estabelecendo uma cultura de respeito, compreensão e colaboração, fundamentais para o engajamento das equipes.

Na medida em que a sociedade contemporânea desperta para uma compreensão mais profunda, percebe-se que o valor de um líder vai muito além de métricas frias e gráficos analíticos. A liderança humanizada penetra no terreno rico e complexo das relações humanas, reconhecendo que cada membro da equipe é mais do que apenas um recurso para atingir metas. É um reconhecimento da singularidade de cada indivíduo e da sua contribuição única para o todo. A influência positiva da liderança humanizada se traduz em um ambiente de trabalho mais saudável e inspirador. As equipes não são mais vistas como meros executoras de tarefas, mas como comunidades interconectadas, impulsionadas por relações autênticas e construtivas. Esse novo enfoque não só eleva a moral dos colaboradores, mas também fomenta a criatividade e a inovação, gerando resultados que vão além do que as métricas tradicionais podem capturar, permeando, inclusive, a sociedade como um todo. Além disso, o engajamento e a lealdade dos colaboradores aumentam quando eles sentem que fazem parte de algo maior, algo que vai além de simples transações comerciais.

Humanizar a liderança é necessário e urgente. Nesse novo cenário, as organizações percebem que a liderança humanizada não é apenas uma abordagem ética, mas também uma estratégia inteligente para a construção de uma marca sólida e sustentável. Quando a liderança se torna um catalisador para o crescimento e desenvolvimento humano, a alta performance nas equipes é inevitável.

Quando a liderança se torna um catalisador para o crescimento e desenvolvimento humano, a alta performance nas equipes é inevitável.

Lígia Silvestre

LOREN CARNEIRO

Sou Lorendayne Teixeira Carneiro, natural de Pirapora/MG, resido atualmente em Montes Claros/MG com a minha filha Lara, que no momento está se preparando para vestibulares.

Sou profissional de Educação Física formada há 15 anos, nos últimos anos me especializei e tenho atuado como mentora, *master coach*, palestrante/treinadora, analista de perfil comportamental e colunista do Portal Web Terra na área movimento e saúde.

Trabalho com atendimentos individuais e também em grupo, presencial e on-line. Atuo principalmente nos cenários de pessoas que precisam melhorar saúde e/ou performance. Com foco no desenvolvimento das capacidades que muitas vezes são sabotadas por traumas, crenças, comportamentos disfuncionais etc.

Atualmente nas minhas redes sociais produzo conteúdos com práticas e dicas, incentivando cuidado diário com nosso bem mais precioso que é a saúde. Resultado gera inspiração!

lorencarneiroo

Loren Carneiro

23 LIDERANÇA INSPIRADORA: ATIVANDO NOVOS LÍDERES

Por Loren Carneiro

No decorrer da vida, comecei a perceber não só em mim, mas também nas pessoas ao redor, que as dores físicas, desconfortos e insatisfações com o corpo representavam muitas outras questões além do que os olhos conseguiam ver.

Desde pequena, eu gostava de fazer várias atividades, esportes etc. Participei de muitas apresentações de danças e campeonatos de natação na adolescência. Na fase adulta, me envolvi com a correria de conciliar jornada de trabalho o dia todo, com a faculdade à noite. Em meio a isso, acreditava não ter tempo para me exercitar e aos finais de semana me sentia sempre esgotada querendo descansar e fazer trabalhos da faculdade.

Não demorou para os problemas de saúde começarem a surgir, com apenas 21 anos tive problema de funcionamento da veia safena e precisei passar por uma cirurgia vascular. Depois disso, veio minha gestação e, em seguida, a rotina exaustiva como mãe de primeira viagem, e eu seguia dizendo que não tinha tempo nem forças para me exercitar. Depois de um tempo tive que encarar o desafio de passar por um divórcio e mudança de cidade. Minha filha tinha apenas 2 anos e eu precisava erguer todas as forças que eu nem sabia que possuía. O amor de mãe me movia com muita coragem! Fui em busca de oportunidades para começar a trabalhar na minha área de formação. Assim voltei a ter contato com a prática de exercícios e abandonei a vida sedentária, mesmo com rotina intensa de trabalhos diários, eu fui descobrindo a mulher forte que existia em mim.

Me exercitar junto com os alunos nas aulas coletivas não era só uma forma de gerar renda, passou a ser também uma ferramenta de força e superação diária, alegria e troca de boas energias, mesmo em meio à toda dor eu decidi não ser mais refém das minhas emoções. Conheci o poder da disciplina, com meus próprios resultados que começavam a acontecer não só no corpo, mas também na minha mente.

Me tornei uma mulher capaz de encarar decisões e consequências, aprendi a gerenciar emoções e não mais me adoecer pelo que faziam comigo. Me encantei e emocionei várias vezes ao ver o quanto a prática dos exercícios que eu proporcionava aos meus alunos, fazia bem e transformava também a vida deles!

Como professora de natação, vivenciei lindas fases de superação com crianças que tremiam de medo ao chegar perto da piscina, que nunca aceitavam entrar na água e que os pais levavam para mim com esperança de que isso fosse mudado, e então, em torno de 2 a 3 semanas já estavam sorrindo e nadando tranquilamente com a minha orientação e acompanhamento.

Assim como me emocionei várias vezes nos meus grupos de ginástica para idosos, que atendia vários bairros da cidade. Nessa época, fui usada por Deus e ajudei curar não só a limitação de movimentos, mas também a superação de vários casos de depressão ao qual os alunos foram se apegando a mim e a nossa rotina de aulas, nossos encontros eram sempre regados a boas risadas, "causos" da semana, oração e palavras de apoio ao final de cada encontro. Aprendi muito com eles. Desenvolvi uma paciência e empatia tão linda nessa época, que sinto saudade até hoje. Recebi vários relatos de evolução da parte deles, e isso só me fazia confirmar o quanto a transformação que eu experimentei em mim estava disponível para todos, independentemente da idade.

Precisei encerrar essa fase quando decidi empreender e abrir meu negócio próprio. Foi um grande desafio fazer a transição de carreira, e então mergulhei de cabeça para aprender tudo o que eu não sabia. Busquei ajuda e informação sobre parte contábil, controle de estoque, padrão de qualidade de mercadorias, inspirações da atualidade, contratação e gestão de equipe, *marketing* digital, gerenciamento da obra dentro dos rigorosos padrões de exigências da franquia etc. E dessa vez, eu me encaixei nessa correria toda sem abrir mão de me cuidar, não deixei de me exercitar mesmo achando que não tinha tempo para isso. Eu fazia o tempo existir, pois sabia que a força necessária para a alta performance que eu buscava nos negócios seria fortalecida pela minha disciplina física. Um corpo forte te traz uma mentalidade forte e ela é indispensável para quem busca sucesso em qualquer área da vida!

Essa fase empreendedora me trouxe muita clareza de o quanto somos capazes de expandir nossos horizontes, sair da zona de conforto e encarar o desconhecido. Nesse modelo de negócio, eu dava assistência a várias equipes de venda direta. Tive oportunidade de ajudar muitas pessoas a gerarem renda e melhorarem a condição de vida naquele momento, isso me fazia perceber que mesmo estando em outra área, eu seguia com meu propósito de ajudar a transformar vidas.

Passei a visitar várias cidadezinhas da minha região para expandir o negócio e levar a oportunidade de ajudar mais famílias, palestrava e me reunia com diferentes tipos de pessoas, e em cada lugar eu aprendia um pouco mais. Venci o medo de dirigir sozinha na estrada, à noite e também na chuva. Superei dias tristes quando muitas vezes a vida pessoal estava me massacrando, e mesmo sangrando por dentro, eu subia em palcos, sorria e me alegrava verdadeiramente por saber que eu estava seguindo no meu propósito.

Venci a vergonha e medo de julgamentos fazendo vídeos diariamente, fornecendo dicas de uso dos produtos, como também incentivando a todos buscarem melhorar de vida. Quando tudo ficava mais pesado, eu saía para fazer uma caminhada ouvindo uma boa música e logo me sentia mais leve e as ideias fluíam a favor da solução.

Consegui atingir a lista das franquias que mais se destacaram no mês em nível nacional, foi um momento muito especial para mim. Provar o sabor da recompensa das nossas lutas é realmente uma sensação indescritível.

Mesmo fazendo a nossa parte, estamos sujeitos a surpresas inesperadas e tristes no meio do caminho. Assim aconteceu quando recebi a notícia da marca da minha franquia encerrando o modelo de negócio que movimentava tantas equipes em todo país. Perdi mais de 80% da minha cartela de clientes, foi como se eu estivesse assistindo a onda chegando e derrubando todo meu castelo de areia que construí com tanta luta, tantas noites em claro, tanto estudo, dedicação, investimento de tempo e também financeiro. E eu não tinha o que fazer para impedir, foi uma fase super delicada pois minha dor não era só por mim, eu sofria muito pensando nas famílias que tinham melhorado de vida através disso e pensava como elas ficariam agora. Todas as vidas que eu ajudei a transformar, o que eu falaria para elas?

Precisei de ajuda profissional para conseguir me fortalecer emocionalmente e enxergar solução em meio à toda escuridão que eu sentia estar. Aos poucos, fui enxergando luz no fim do túnel e fui seguindo, encarando a realidade de frente, me abrindo de forma sincera, as pessoas entenderam o que de fato aconteceu e que eu não tinha realmente controle dos fatos. Acompanhei a triste notícia de vários colegas franqueados fechando as portas das lojas que eram sustento de suas famílias, me lembro o quanto me doeu. Segui com a minha ainda por um tempo, na esperança de testar o novo modelo de negócio, que infelizmente não despertou interesse do público; com isso, a marca só afundou ainda mais e no início da pandemia anunciou fechamento total da fábrica e encerramento da história de mais de 30 anos no mercado.

Apesar de todo desgaste emocional, físico e financeiro, nunca me arrependi de ter enfrentado tudo isso, pois mesmo com o desfecho não sendo como eu desejava, eu reconheço o quanto isso tudo me amadureceu como ser humano e como profissional. Foi um verdadeiro divisor de águas na minha história.

Depois que decidi fechar a minha loja, aproveitei a experiência e aprendizado dos cursos que tinha feito para meu negócio e segui com trabalhos na área de marketing digital, ajudando outras empresas e prestadores de serviços.

Durante a pandemia, abri oportunidade de ajudar gratuitamente algumas pessoas que trabalhavam em ramos que ficaram totalmente parados e estavam vendendo coisas tentando ter ao menos o sustento básico. Ajudei a alavancar vendas através da minha produção de conteúdo, mostrando o produto e/ou serviço prestado, contribuindo com minha opinião sincera recebi relatos de pessoas que esgotaram seu estoque após minhas divulgações e vieram me agradecer emocionadas, pois, estavam sem conseguir gerar nenhuma venda sozinhos. Aqui mais uma vez vi meu propósito acontecendo, me emocionei diversas vezes e agradeci muito a Deus por ele está me usando.

Não é e nunca foi uma simples vidinha de blogueira, sempre teve a mão de Deus guiando e ajudando todos os lados, tanto de quem precisava vender quanto de quem precisava comprar com a tranquilidade de já ter opinião e detalhes mostrados por mim.

Passei a compartilhar com mais frequência minha rotina diária de cuidados com a saúde, mostrando meus treinos e dando dicas para vencer o desânimo e a procrastinação. Segui fazendo vários cursos, especializações, congressos e palestras na área de inteligência emocional. Consegui entender e mudar várias questões pessoais da minha vida, e senti vontade de ajudar transformar a mentalidade de outras pessoas também.

Descobri, entendi e comprovei o verdadeiro poder da mente transformada, que é capaz de alcançar objetivos e metas. Ajudei pessoas a serem resgatadas do quadro de falta de amor-próprio, crenças de incapacidade, frustrações com inúmeras tentativas de emagrecimento, dificuldades com relações interpessoais etc. Assim, de fato, descobri que ativei novos líderes e cada um desses segue como agente de transformação em seus ecossistemas.

Convido você, caro leitor, a se abrir para transformação da sua mentalidade e através disso ser luz na escuridão. Existe um mundo lindo de possibilidades te esperando, não desista de você. Corpo fraco não sustenta espírito forte. Busque a ajuda necessária, juntos somos fortes!

Aquele que não tem tempo para cuidar da saúde, vai ter que arrumar tempo para cuidar da doença.

Loren Carneiro

LUCIENE MARCENA

Sou Luciene Marcena, natural de São Paulo/SP, resido em São Paulo, com meu único e amado filho Lucas Marinho.

Especialista em Liderança, Carreira e *Coaching*, analista de perfil comportamental, palestrante e mentora. Atuei como gestora por quase 30 anos. Gostava de pessoas e mesmo com conhecimentos e habilidades técnicas, amarguei conflitos e frustrações. Foi então que conheci o *coaching* e me encantei pelo processo. A partir daí, entendi que desenvolver pessoas era meu propósito de vida. Desenvolvi minha liderança e reconhecida pelos meus resultados como gestora e líder, em 2019, fui promovida à diretoria financeira.

Após 4 anos como diretora, desafios superados e muita reflexão, decidi que precisava ir além.

Em 2023, encerrei minha jornada corporativa para viver meu propósito: desenvolver pessoas!

Lu_marcena

Lu Marcena Mentora

Luciene Marcena

24 CONSTRUINDO CONFIANÇA: A BASE DE UM RELACIONAMENTO SÓLIDO

Por Luciene Marcena

Eu sempre me considerei uma pessoa com facilidade em liderar, pois nos ambientes que convivia desde tenra idade, assumia as rédeas das situações. No colégio e faculdade, na maioria das vezes, assumia a coordenação dos trabalhos em grupo, organizando as atividades, prazos, e tudo o mais que fosse necessário para um bom resultado.

Tais características, naturalmente, me acompanharam no ambiente corporativo e assim que terminei o Ensino Médio, por volta dos 17 anos, iniciei minha jornada profissional, conquistando uma vaga de recepcionista em uma pequena empresa no bairro onde morava. Não demorou muito para minha primeira promoção, uma oportunidade de ocupar um cargo de assistente administrativo, seis meses após a minha admissão. A partir daí, fui trilhando uma jornada em que me destacava pelas minhas habilidades como: comprometimento, organização, pontualidade, proatividade. Mas, no meu entendimento, o que a característica que me colocava em destaque era uma forte curiosidade em aprender, buscar conhecimento, com o intuito de fazer, cada vez melhor, o meu trabalho.

Aos 25 anos, fui promovida a gerente e posso dizer que foi o marco inicial da minha jornada como gestora e líder de equipes. Com o tempo, fui percebendo que, embora eu tivesse muitas habilidades técnicas e capacidade intelectual, precisava desenvolver outras habilidades fundamentais de uma boa liderança, principalmente inteligência emocional e capacidade de relacionamento, ambas interligadas.

A falta dessas habilidades trouxe consequências danosas às equipes que eu liderava: conflitos dos mais diversos, falta de engajamento, intrigas, desrespeito entre os integrantes, boicotes, faltas em demasia e muita rotatividade, o que, certamente, impactavam em meus resultados negativamente.

À certa altura da minha jornada, após muitas tentativas em vão e preocupada em fazer dar certo, fui buscar as possíveis soluções. Foi então que conheci (e me apaixonei) pelo processo de *coaching*, uma metodologia que não só me conduziu ao meu autoconhecimento e autodesenvolvimento, como potencializou habilidades que eu já tinha.

Meu principal objetivo era construir uma equipe engajada, em um ambiente saudável, seguro e de espírito colaborativo. Precisava que a minha equipe confiasse em mim, na minha liderança e compartilhasse comigo os mesmos objetivos como equipe. Resolvi, então, como primeira ação, estimular o autoconhecimento em cada integrante, afinal, não bastava que somente eu, como líder, enxergasse o lado de dentro. Era imprescindível que todos os membros da equipe tivessem consciência de suas características.

Por iniciativa própria, sem nenhuma participação ou subsídios da empresa, presenteei cada membro da equipe com uma Análise de Perfil Comportamental, ferramenta essencial para o autoconhecimento. E, com isso, comecei a escrever uma nova história em minha carreira profissional. Foi uma virada de chave para todos, pois não só possibilitou que cada um tivesse consciência de suas características, potencialidades, valores e fraquezas, como entendi o quanto dependia de minhas atitudes para reverter aquele cenário. Constatei que o velho clichê "é dando que se recebe" é muito real. Isso abriu uma porta para a um relacionamento de troca, de empatia e compreensão do grupo como um todo, entendo os comportamentos e as vulnerabilidades de cada um.

Baseada no conhecimento adquirido durante a minha jornada e corroborado pelas minhas vivências em quase 30 anos gerindo pessoas, posso afirmar que o primeiro passo para a construção de um time forte, é sem dúvida, estabelecer um círculo de confiança, objetivando um relacionamento saudável com vínculos fortes entre os membros da equipe.

Para que isso seja possível, o líder deve conhecer sua carta de valores que vão nortear a construção de uma equipe bem-sucedida. O alinhamento desses valores é essencial para que todos estejam comprometidos com o mesmo objetivo. A confiança deve ser um dos principais valores de um líder, pois reúne em seu contexto outros valores como honestidade, lealdade, transparência, respeito. É a partir da construção da confiança que os outros pilares serão forjados. A confiança construída e estimulada entre os membros da equipe tornam essa equipe um verdadeiro time, forte e seguro.

É praticamente impossível inspirar, motivar e influenciar os membros de uma equipe se não foi construída uma base de confiança, primordial para o desenvolvimento de uma relação saudável entre o líder e os liderados, impactando diretamente a produtividade, a satisfação e o alcance de resultados positivos.

Outra importante razão para estabelecer um elo de confiança, é que ela cria um ambiente de trabalho harmonioso e favorável ao crescimento e desenvolvimento dos colaboradores. Quando os membros da equipe confiam em seu líder e confiam uns nos outros, eles se sentem mais livres de julgamento para expressar suas opiniões, compartilhar ideias e buscar soluções inovadoras. Torna-se um lugar de pertencimento, de acolhimento, o que resulta em maior engajamento e um ambiente mais agradável.

A confiança também é essencial para o processo de tomada de decisões. Quando os liderados confiam e acreditam no seu líder, eles terão mais segurança em aceitar as decisões tomadas, mesmo que não concordem plenamente com elas. Isso facilita a implementação de estratégias e ações, evitando conflitos e resistências desnecessárias.

Quando um líder é percebido como confiável, sua palavra é valorizada e respeitada. Isso facilita o alinhamento de expectativas, aumentando a efetividade nas relações de trabalho e contribuindo para a construção de uma cultura organizacional sólida.

Não podemos dizer às pessoas que simplesmente confiem em nós ou a terem ideias inovadoras ou mesmo exigir colaboração. Isso é o resultado de atitudes e comportamentos do líder, de quanto ele promove a segurança e confiança dentro do time. Quanto mais forte este círculo de confiança, mais forte será o aproveitamento de habilidades e talentos envolvidos no grupo.

No entanto, vale ressaltar que a confiança não é algo que se conquista de forma automática. Ela é construída ao longo do tempo, por meio de comportamentos consistentes, relações de respeito mútuo e cumprimento de compromissos. A autoconfiança de cada membro também precisa ser estimulada pelo líder, dando ao liderado oportunidade de ação e decisão, acreditando em seu potencial e valorizando seu trabalho. Um líder confiável é aquele que cumpre suas promessas, mantém a transparência em suas ações, ouve sua equipe de forma atenta e empática, e trata a todos com igualdade. A confiança também se estabelece quando um líder protege sua equipe de ataques externos, o que em um ambiente corporativo não é incomum. O líder não deve ser omisso nem condescendente com erros, mas deve primeiramente tentar entender em que contexto eles ocorreram, analisando quais os elementos prováveis de interferência e só então tomar o caminho correto na busca de soluções. Essa conduta demonstra ao liderado que seu líder irá agir com justiça e congruência, fortalecendo o elo de confiança.

É importante lembrar que os padrões culturais da empresa podem interferir, positiva ou negativamente, na construção de uma equipe forte, pois os valores da equipe, de praxe, devem estar alinhados com o da empresa. Se a cultura for fraca, ou seja, com o foco apenas em números, desempenho e índices impessoais, a líder terá um trabalho árduo pela frente, além de levar mais tempo.

Você deve ter foco no seu propósito e saber que, provavelmente, vai ser uma jornada solitária. Se por um lado a cultura da empresa não proporciona apoio ao líder, concedendo os recursos necessários à construção de sua equipe, por outro, a equipe acaba enxergando o líder como alguém que não é passível de erros, de vulnerabilidades, de incertezas. O líder apenas sabe administrar e equalizar melhor e, mais substancialmente, suas fraquezas e vulnerabilidades, mas de forma alguma é infalível, como ninguém é. Assim como os liderados têm seus dias difíceis, o líder também, e é de responsabilidade do liderado entender isso e preocupar-se com o bem-estar dele. Isso é reciprocidade.

E após mais de 30 anos no corporativo, com histórias de frustrações, superações e sucessos, fui convidada a ocupar uma cadeira na diretoria da empresa, pelos resultados obtidos e pela construção e desenvolvimento de uma equipe de referência. É fácil? Não é nada fácil, afinal tudo que envolve pessoas é muito complexo, mas extraordinariamente satisfatório. Exige determinação, persistência, dedicação, generosidade e muito amor pelo propósito de desenvolver pessoas. E não há nada mais compensador para um líder do que ver a transformação que provocamos nas pessoas, o quanto elas evoluíram, o quanto elas avançaram e quanto estão preparadas para o próximo nível.

Com toda essa minha jornada de erros, acertos e aprendizados, é possível afirmar, com toda certeza, que a construção de um círculo de confiança não só é possível como fundamental para que se estabeleça um relacionamento em que todos ganham, onde existem trocas e aprendizados que não só dizem respeito ao desenvolvimento profissional, mas que, consequentemente, estendem-se ao desenvolvimento pessoal.

Após essa minha narrativa, te convido a iniciar ou melhorar sua jornada de líder, construindo sua base de confiança com uma simples ação: convide sua equipe para uma reunião e peça para todos falarem um pouquinho a respeito de suas vidas, com quem moram, o que gostam, o que não gostam. Oriente a todos sobre a necessidade de ouvirem, atentamente, sem nenhum tipo de julgamento. Estimule uma conversa saudável entre os membros da equipe e você vai se surpreender com o resultado.

Boa jornada!!!

Um líder pode começar com um grupo de ovelhas, mas deve terminar com uma equipe de leões!

Luciene Marcena

MARCIA VESPA

Fundadora da CreScer Group, consultoria renomada no desenvolvimento de lideranças, esposa e mãe. Atua há mais de 30 anos no mercado em posições estratégicas nas áreas de gestão de pessoas.

É psicóloga, com extensão em Psicodrama e Assessment, pela TTI Sucess Insights e pós-graduada em Marketing, com MBA em Gestão Estratégica de Pessoas pela FGV.

Coach e mentora com certificação internacional pelo Integrated Coaching Institute, pelo Center for Advanced Coaching e Erlich Organizações, e em Metodologias ágeis pela MindMaster.

Autora do livro "Um RH Visto de Cima - O que a Alta Administração Espera que Você Saiba para Fazer a Diferença" e, coautora de outros quatro livros significativos na área.

Eleita profissional do ano pela Associação Brasileira de Liderança nos anos de 2018, 2021 e 2023, combinando assim, experiência, educação e paixão para impactar o campo da liderança empresarial.

marciavespa.lidercoach

www.marciavespa.com.br

marciavespa@crescergroup.com

Marcia Vespa
LÍDER DESENVOLVENDO LÍDERES

25 GESTÃO DE METAS E RESULTADOS - VOCÊ À PROVA DE FUTURO

Por Marcia Vespa

Ser chefe, ser líder ou gestor? O cenário está cada vez mais complexo, os clientes, exigentes, e as novas gerações, provocadoras. E você, neste miolo, procurando entender o que realmente importa para atender todos os atores dessa jornada de crescimento sem ser sufocado pelos cascalhos do caminho.

Ao ascender a cargos de liderança, você se sentiu psicologicamente seguro para assumi-lo? Estava preparado com novas habilidades - além do domínio técnico - para conectar pessoas à estratégia, aos processos e à cultura? Tinha clareza de quais responsabilidades seriam indelegáveis em especial nas adversidades? Ou seja, você estava preparado para vencer o jogo?

Há muitas surpresas quando se descobre que não basta meramente aspirar algo. Você vai precisar de um plano de desenvolvimento consistente que lhe permita chegar lá o mais preparado possível, seja você um líder de primeira viagem, seja o principal executivo da empresa.

O problema é que a teoria só vai convergir com a prática quando você entender que a melhor gestão a ser aplicada é definida pelo contexto – e não por *soft* ou *hard skills* generalistas (habilidades comportamentais e técnicas, respectivamente), como se o mundo corporativo não tivesse as suas singularidades. Eduardo Carmello, propagador da gestão por contexto, traz a ideia de real *skills* (as competências essenciais daquele negócio), da qual sou defensora.

A sua empresa, os clientes de agora e do futuro são quem determinam quais competências são necessárias para atender aos mais exigentes *stakeholders*. "O que te trouxe até aqui é insuficiente para te levar a um próximo nível", Jim Collins, autor de Empresas Feitas para Vencer, alerta.

Então, vamos juntos. Onde você está colocando foco? Se você deseja cargos de maior complexidade na arquitetura organizacional, precisa ter senso de dono e dar resultados. Portanto, o que é esperado de você é que seja um líder que desenvolve grandes talentos e que obtém excelentes resultados. Sem movimentar o motor econômico da companhia, você será uma marca sem valor e estará à deriva, quem sabe acreditando que estar ocupado é ser produtivo, atuando sobre as urgências sem a clareza do que é prioritário e fechando o dia com a sensação de estar trabalhando demais e produzindo de menos. Caminho certo para o *Burnout*. Não é isso que você quer, não é mesmo?

No livro Pipeline de Liderança, Ram Charan comenta que "o sucesso como líder requer uma mudança grande, e que o aspecto mais difícil é permitir que o trabalho seja realizado pela equipe e não por si próprio". Segundo o autor, gestores em geral e, em todos os níveis, ofuscam os seus colaboradores com as suas expertises. Renunciar às tarefas que lhes rendeu uma promoção acaba se demonstrando um aspecto incrivelmente difícil. Afinal, é mais fácil fazer do que delegar. É mais rápido consertar um erro do que ensinar. É mais prazeroso responder do que perguntar; e mais sinais de fragilidade vão despontando na gestão até uma completa obstrução do pipeline de liderança na empresa. Este líder herói acaba sofrendo em demasia e pagando um preço alto demais, já que tempo e dedicação aos membros do time são fundamentais e só aumentarão a cada passagem de liderança. O líder herói certamente causará estragos, podendo aniquilar uma organização inteira.

Então, qual o caminho para ser um profissional à prova de futuro?

1. Não queime a largada. Investir em si mesmo é sempre um negócio com boa margem de retorno. Antes de desenhar o seu plano de desenvolvimento, você precisa saber aonde quer chegar. Não me refiro a cargo meramente, mas a conectar suas aspirações com o seu propósito de vida. Parece incrível, mas a grande e esmagadora massa de profissionais não sabe quais são seus objetivos de vida, de carreira, nem o alvo a ser atingido. Sem alvos, são embarcações desgovernadas trabalhando muito e produzindo pouco. Lembre-se de que crescimento não necessariamente se dá na vertical e que liderança está longe de ser resumida a um cargo. Portanto, tenha clareza do que deseja para você. Questione-se: qual é seu propósito de vida? Quando você está no seu melhor, o que está fazendo? Por que isso lhe traz satisfação?

2. Seja crível. Lembre-se de que, ao sentar-se em uma cadeira de liderança, você representa a empresa. Assuma 100% da responsabilidade de tudo que acontece com você, com a sua equipe e à sua volta – sejam decisões tomadas pela alta direção ou políticas regidas pela empresa. A falta de confiança afeta drasticamente os custos e velocidade de resposta de uma empresa no mercado. Seja o líder que sua equipe deseja ter: se você precisa que as pessoas se relacionem melhor, relacione-se melhor com elas. Se você abomina fofocas, seja leal com a sua empresa e pares. Se você quer uma equipe mais competente, desenvolva as suas competências. Se você quer atingir resultados, faça parte da estratégia. Se você quer mais comprometimento da sua equipe, desperte-a para ação. Steven Covey conclui em uma de suas pesquisas que 90% das falhas de liderança estão aqui: incongruência entre discurso e prática. Fique mais atento a você.

3. Alinhe as aspirações de crescimento do seu time com os principais objetivos estratégicos da sua empresa. Não dá para tratar todos da equipe da mesma maneira. Todo líder precisa ser um *líder-coach*. Embaso minha afirmação na fala do ex-presidente da G&E, Jack Welch, considerado ainda o líder mais admirado do século: "No futuro, todos os líderes serão *coaches*. Quem não desenvolver essa habilidade, automaticamente será descartado do mercado". Então, olhe para a próxima curva e coloque definitivamente as suas pessoas na agenda. Elas serão a sua maior prioridade em dispêndio de atenção e energia.

Propiciar conhecimento e desenvolvimento de habilidades do seu *staff* é fundamental para a perpetuação da marca empregadora e para a sua evolução. Sem sucessores, a sua cadeira estará estagnada. Cuidado para não se tornar insubstituível no cargo que ocupa. Faça as suas pessoas assumirem o protagonismo sobre a sua carreira. Defina a periodicidade das reuniões *one-on-one*. Aprenda a dar *feedbacks* que desafiem os profissionais a se tornarem melhores. Dê autonomia para que montem o seu plano de desenvolvimento – o plano precisa ser criado por eles para ter valor. Você saberá que se tornou um grande líder quando a rotina ocorrer independentemente da sua presença.

4. Toda empresa tem a sua estratégia. Você conhece os dois objetivos principais da empresa em que trabalha? Sabe como contribuir? Tem a clareza do que é prioritário? Estão integradas as metas da empresa com as metas da área que lidera? A falta de conexão entre objetivos organizacionais e departamentais têm sido um dos principais fatores de clima ruim, de desmotivação e falta de engajamento das equipes. E, pasme: de demissão. Uma empresa se constrói com pessoas. Jamais conseguirá ser maior ou melhor do que as pessoas que tem. E, sem metas você não faz gestão. Sem a compreensão da sua contribuição para a empresa atingir seu objetivo, você e o seu time desperdiçarão tempo com burocracias.

Um profissional à prova de futuro conhece a empresa em que trabalha: sabe por que ela existe e quais problemas dos clientes ela resolve. O papel de um líder e gestor é fazer gestão para que a empresa seja vencedora. Daí te pergunto: você faz o que sabe que precisa ser feito na empresa? É extremamente perigoso estarmos no século XXI fazendo as coisas erradas bem-feitas. Executar a estratégia requer disciplina. Então, te convido a conhecer a metodologia ágil OKR (Objectives and Key Results ou Objetivos e Resultados-Chave) que as maiores e mais bem sucedidas empresas do mundo (como Linkedin, Google, Netflix, etc.) utilizam como o melhor meio de realizar a gestão da execução da estratégia.

Desenvolvida por Andrew S. Grove, ex CEO da Intel e, implementada no fim da década de 1990 por John Doerr, um dos investidores do Google, ela ajuda a definir objetivos inspiradores – financeiros e não financeiros – seguidos dos indicadores-chave de desempenho, assegurando o alinhamento de todos os departamentos e empregados com o que mais importa para a empresa, favorecendo a manutenção do foco no que é crucialmente importante.

Inspire-se ainda na afirmação de Vicente Falconi, guru da gestão brasileira, que explica a relação entre complexidade de metas e motivação da equipe: "Do ponto de vista das pessoas envolvidas, o valor da meta deve estar acima das suas capacidades de atingi-las, de maneira que precisem aprender mais e crescer no processo de atingir essa meta". Adoro!

5) Seja um gestor de pessoas e assuma as obrigações de um grande líder: libere o potencial do seu time e tome as decisões necessárias (muitas vezes difíceis e impopulares) para perpetuar a marca. Não se trata de uma briga de opostos. São apenas suas obrigações!

E agora, o que é melhor: ser chefe, líder ou gestor?

Nem tente optar por um ou outro. Quem vai definir o melhor será sempre o contexto. Lembre-se disso!

Uma empresa se constrói com pessoas. Jamais conseguirá ser maior ou melhor do que as pessoas que ela tem.

Marcia Vespa

MARIANA ZANON

Filha da Margarete e do Artur, esposa do Eduardo e mãe de dois: uma estrelinha e o Benício. Mora em Curitiba/PR.

Desde sua graduação em Administração, a liderança teve sempre destaque no seu mundo acadêmico e profissional. Com pós-graduação em Gestão de Pessoas, MBA em Gerenciamento de Projetos, Lean Six Sigma Green Belt e Mestrado em Administração, atua no mercado corporativo como Executiva de RH há quase 20 anos.

Como professora, ministra disciplinas em MBAs e pós-graduações, inclusive criou e coordenou um MBA em Liderança e Práticas de Gestão. Também compartilha sua expertise como mentora de carreira e liderança.

Teve a oportunidade de experienciar muitas histórias, tanto de sucesso quanto de fracasso. Seja na sua própria trajetória, pois se tornou líder aos 20 anos, como também acompanhando diariamente os desafios de gestores como profissional de RH.

marianabzanon

Mariana Zanon

26 AS MÚLTIPLAS FACES DA FUNÇÃO DA LIDERANÇA: CHEFE, GESTOR E LÍDER

Por Mariana Zanon

O tema liderança sempre me intrigou e permeou minha trajetória acadêmica e profissional. Virei líder muito cedo, aos 20 anos, e nesses 18 anos de carreira como executiva em RH, o que mais fiz e ainda faço é conversar e apoiar gestores nos seus desafios diários. Não é novidade que ser líder não é tarefa fácil. Porém, há algo em especial que me chama a atenção, que é a compartimentalização do papel do chefe, gestor e do líder.

Com certeza você já se pegou refletindo se é um gestor ou um líder. Se não parou para refletir isso ainda, acredito que já leu ou escutou alguém falando sobre ser líder *versus* ser chefe e/ou *versus* ser gestor; ou também a conhecida frase: "Isso é postura de um chefe e não de um líder". Enfim, existem diversos textos que abordam sobre os comportamentos que diferenciam cada um desses papéis.

Trazendo um pouco de teoria, a função do gerente está relacionada ao cumprimento das metas, resultados satisfatórios, eficiência, controle e lucratividade. Com esta responsabilidade, o gerente acaba sendo pressionado de diferentes formas no seu exercício profissional, muitas vezes, gerando uma expectativa de realização extraordinária. Por esse motivo, é comum associar a figura do gestor a outros papéis e imagens, tais como o de maestro, criador, comunicador, comandante, estrategista, entre outros.

Múltiplos autores tentam definir o que é ser gestor, porém a instabilidade do ambiente organizacional, atrelada à complexidade do desafio que este papel exerce, dificulta o entendimento e a compreensão da função. E vou além: esse tema é tão complexo que quando se busca a teoria sobre liderança e gestão, a probabilidade de frustração é relativamente grande. A teoria, por vezes, é negligenciada frente à prática; conceitos são baseados em uma simplificação da realidade social e humana, sem considerar aspectos complexos e subjetivos desta realidade, os quais precisam ser dimensionados a partir da trajetória individual e da coletividade social.

É relevante mencionar também que existe uma pressão nas organizações e também na literatura que implica, muitas vezes, na expectativa de que o líder deve ser um super-herói. Além disso, há uma confusão envolvendo as definições de líder, chefe e gestor. Quando se resume o que mais se fala desses três papéis, pode-se dizer que a postura do chefe é associada à comportamentos autoritários, envolvendo controle e foco em resultados; o gestor é reconhecido como tendo uma excelente organização, eficiência em processos e com olhar para as tarefas; o líder, por sua vez, é aquele que inspira, que desenvolve as pessoas e que se envolve ativamente, sendo um bom ouvinte.

Devo admitir que por algum tempo, eu entendia esses papéis de forma separada, como se não fossem lados de uma mesma moeda. Presenciei alguns gestores lutando e investindo muita energia para tentar moldar ações dentro de um "padrão". Vi, também, gestores que deixaram de cobrar seus times por terem entendido que ser líder implicava em não falar de resultados com a equipe. Somente quando entendi que essas três faces fazem parte de algo único, que não são três papéis separados – pelo contrário, são complementares, compreendi a verdadeira função do líder.

Devemos integrar cada um desses papéis. Para ser um bom líder, é preciso ter algumas das competências que são denominadas como sendo as do "chefe", como também algumas das competências destacadas como sendo as do "gestor" e, claramente, as ditas como sendo as do "líder". Quando paramos de categorizar e segmentar, quando entendemos que as partes formam um todo, começamos a focar em nosso papel de forma integral, desenvolvendo o que é necessário, sem ressalvas, sem "isso não é ser líder" etc.

Um líder que só inspira e que não conduz o time para atingir resultados, não conhece de processos, não apoia no direcionamento das tarefas, vira um palestrante motivacional. Para desenvolver pessoas, é necessário passar muitas vezes pelos processos, pelas tarefas, pela busca dos resultados.

Portanto, como pode ser um bom líder sem ter essas competências ditas como as do chefe e do gestor? A conta não fecha! Então, vamos lá: um bom líder/gestor/chefe precisa ter orientação para resultados **E** olhar para os processos **E** conduzir as tarefas **E** desenvolver as pessoas **E** ser inspirador. É "**E**" e não "**OU**". Com estas facetas integradas, é possível avançar!

Em contrapartida, é preciso também parar de romantizar a liderança. Ser líder é um caminho solitário, com decisões difíceis diárias, com ações que movem e impactam a vida dos outros. Ser líder é ser responsável, em primeiro lugar, por você e pelas suas escolhas. É ser responsável pelo resultado da área que você conduz e, o maior de tudo, ser responsável e ter impacto direto nas pessoas a sua volta, especialmente a sua equipe. Ser líder é, acima de tudo, uma escolha. E toda escolha tem consequências. Portanto, aqui vai o primeiro grande conselho: *assuma todas as consequências das suas escolhas*. Sejam ônus ou bônus. Assuma a responsabilidade que te cabe. Não terceirize isso para ninguém.

Preciso abordar um tema bem importante: uma das coisas que mais move a escolha de ser líder é o ego. Sim, o ego. A maioria das pessoas que desejam ou desejaram ser líderes foram movidas por um ego que busca/buscava poder. Antigamente, os líderes tinham salas lindas e enormes, secretárias, carros de luxo... Hoje isso vem mudando, mas ainda encontramos esses benefícios em alguns lugares. Muitos foram vislumbrados por esses acessórios. Muitos foram vislumbrados pelo poder de decisão que a função proporciona. E, para mim, é justamente aqui que 80% dos líderes falham. Por deixarem-se dominar pelo seu ego.

Segundo conselho: *lidar com o seu ego não é algo que você conclui, vence e pronto, acabou*. É um trabalho de autopercepção, autoanálise e autocontrole. É um trabalho diário, seu com você mesmo. No seu íntimo. Trabalho que uma ou diversas ferramentas de terapia irão ajudar. Não somos invencíveis, não somos infalíveis, não somos imunes ao nosso ego. E a única opção de nos tornarmos bons líderes que influenciam positivamente, que geram resultados, que desenvolvem pessoas, que tenham posturas verdadeiras, agregadoras, resolutivas e colaborativas, é atuar nisso como uma escolha pessoal e transformar o trabalho de líder num propósito de servir.

Terceiro conselho: *dê as mãos à vulnerabilidade e seja humilde!* Entender a nossa limitação, reconhecendo a grandiosidade que envolve o trabalho que escolhemos é uma importante tomada de consciência. Saber que podemos ser vulneráveis (e que a vulnerabilidade é uma aliada), que não somos super-heróis, que falhamos, que não sabemos tudo, é fundamental. Mesmo sendo líderes, erramos. E está tudo bem em errar, pois o erro sempre nos ensina algo. O que não podemos é nos conformar com o erro, tornar o erro uma zona de conforto e não buscar por melhorias. Precisamos buscar melhorar sempre!

Quarto conselho: *é preciso entender e aceitar algumas realidades, para mitigar nosso sofrimento enquanto gestores:*

- A liderança é subjetiva. Pare de tentar objetivá-la ou achar a tradução literal do que é.

- A intuição é uma aliada na prática. É como se fosse aquele *feeling* maternal e paternal, sabe? Aprenda a escutar e conversar com a sua intuição!

- Ser um bom líder tem relação com construir um bom propósito pessoal e se manter firme a ele. Perceba que disse construir e não achar... Não perca mais tempo tentando achar um propósito, e sim construa um que tenha relação com seus valores e pronto!

- "Liderar não é sobre você, é sobre o outro"... Mentira! Liderar é constantemente sobre você. É você que terá que ter mais autocontrole, mais inteligência emocional, mais desenvolvimento. É muito sobre você estar em constante evolução para que, aí sim, possa se colocar no lugar de poder apoiar o desenvolvimento do outro.

- A liderança é um caminho solitário. Quanto mais você cresce, mais sozinho você estará.

- Não é um curso que te transformará ou te formará líder. É a sua trajetória pessoal, sua base familiar, é a sua vida que te transforma em um líder. Aqui cabe uma frase que ouvi uma vez: "Não é o futuro que puxa, é o passado que empurra".

- Decisões difíceis precisarão ser tomadas e você não pode ficar carregando uma culpa eterna por elas. Às vezes, precisará demitir um amigo, um parente... é muito difícil e dolorido, eu sei. Absorva a parte que te cabe e não mais do que a sua parte. E, também, entenda que essas decisões são sua função. Não dê um tamanho e peso maior do que as coisas têm.

E, por fim, posso te frustrar com essa opinião, que é baseada em anos de experiência como profissional de RH e mentora de carreira e liderança: não são todas as pessoas que podem ser líderes. Tem aspectos dentro da liderança que precisam fazer parte da essência e que são extremamente difíceis (pra não dizer impossíveis) de serem desenvolvidos. Isso não torna a liderança especial ou que só pode ser exercida pelos "escolhidos". Porém, não é todo mundo que pode ser líder, assim como não é todo mundo que pode ser pintor, que pode ser costureira, que pode ser maquiadora, etc. Existem habilidades mais naturais para alguns e menos para outros. É a vida! Na verdade, poder ser, até podemos... Se eu quiser ser costureira, posso ser. Mas será um fracasso! Não tenho habilidade para isso. É a mesma coisa na liderança. Quem não tem aquele "paranauê" para isso, nunca será um bom líder. E, importante: chegar ao cargo de gerente ou diretor não te torna um líder.

Não esqueça: quanto maior a sua luz, maior a sua sombra. Da mesma forma, quanto maior a sua responsabilidade e desafios, também maior será a sua recompensa e retorno do que te permeia. É imensamente gratificante saber que pude contribuir para o desenvolvimento de pessoas, refletir positivamente em suas carreiras, e também na vida pessoal, saber que pude apoiar em boas decisões e escolhas de carreira, de vida, gerar e alcançar bons resultados... Isso tudo não tem preço e são coisas que aquecem o coração e enobrecem a alma. Depois de todas essas reflexões, quero finalizar dizendo que sou muito realizada como líder e tenho certeza de que você também será!

A liderança é um caminho solitário. Quanto mais você cresce, mais sozinho você estará.

Mariana Zanon

NATALIA PIRRO

Formada em Finanças, com especialização em Controladoria, MBA em Liderança e mestrado em Finanças pela Universidade de Lisboa. Surfista nas horas vagas e amante de viagens, *general manager* de uma multinacional responsável pelos países da América Latina, há mais de 10 anos.

natpirro

Natalia Pirro

27 LIDERANÇA SITUACIONAL: FLEXIBILIDADE E ADAPTAÇÃO ÀS DIFERENTES CIRCUNSTÂNCIAS

Por Natalia Pirro

No ambiente de negócios global de hoje, caracterizado por rápidas mudanças tecnológicas, inovações contínuas e mercados em constante evolução, a liderança situacional se estabelece como uma competência essencial para líderes atuando em ambientes dinâmicos.

Esta abordagem de liderança é particularmente valiosa em contextos como *startups* de tecnologia, empresas inovadoras e organizações que estão passando por mudanças organizacionais significativas.

A liderança situacional fornece a flexibilidade e adaptabilidade necessárias para liderar efetivamente em um cenário empresarial que muda constantemente. Ela se alinha bem com as tendências contemporâneas de trabalho, incluindo equipes geograficamente dispersas, trabalho remoto, horários flexíveis e a adoção de metodologias ágeis, tornando-se uma ferramenta essencial para o sucesso em tais contextos dinâmicos.

A habilidade de um líder em se adaptar rapidamente a diferentes circunstâncias e necessidades individuais dos liderados é agora um requisito crucial, considerada uma competência-chave para quem almeja um papel de liderança eficaz no mundo atual.

A liderança situacional se destaca como um modelo inovador e relevante, que enfatiza a necessidade de flexibilidade, adaptação e resiliência. Ela desafia a antiga concepção de um estilo de liderança único e rígido, substituindo a imagem do chefe autoritário por líderes ágeis, resilientes e adaptáveis, mais adequados ao clima de negócios volátil de hoje.

Originada nas teorias de liderança desenvolvidas nas décadas de 1960 e 1970 por Paul Hersey e Ken Blanchard, a liderança situacional ressalta a importância da adaptabilidade do líder às diversas situações enfrentadas no ambiente corporativo. Hersey e Blanchard sugeriram que a eficácia da liderança depende da capacidade do líder de ajustar seu estilo às necessidades de desenvolvimento dos liderados em relação a tarefas específicas.

Esta teoria evoluiu ao longo dos anos, mantendo-se um modelo relevante e amplamente aplicado para a formação de líderes em diversos setores da indústria, negócios e até mesmo no setor público. No coração do modelo de liderança situacional estão dois eixos principais: o nível de direcionamento (tarefas) e o nível de suporte (relacionamento) que o líder deve fornecer. Este modelo se adapta à competência e ao comprometimento dos liderados. Identificam-se quatro estilos principais de liderança neste modelo: Diretivo, Coaching, Apoiador e Delegador. Cada um destes estilos tem sua própria eficácia em diferentes contextos e a habilidade de um líder de alternar entre esses estilos, conforme necessário, é crucial para uma liderança eficaz e responsiva.

1. Estilo Diretivo: Neste estilo, o líder toma decisões e comunica expectativas claras. Ele dá instruções específicas e supervisiona de perto as atividades. O estilo diretivo é alto em direção e baixo em suporte emocional. Utilizado quando os membros da equipe são novatos ou inexperientes.

"Em uma equipe de marketing trabalhando sob um prazo apertado para lançar uma nova campanha, o líder pode adotar um estilo diretivo para garantir que todas as tarefas sejam concluídas a tempo, definindo claramente os papéis e monitorando o progresso de perto."

2. Estilo de Coaching: O estilo de coaching combina alta direção com alto suporte. O líder ainda define direções e monitora o progresso, mas também incentiva a participação dos membros da equipe e investe em seu desenvolvimento. Aplicado quando os membros da equipe estão desenvolvendo habilidades, mas ainda não são completamente competentes.

"Um gerente de vendas observa que sua equipe tem potencial, mas carece de algumas habilidades essenciais. Ele decide adotar um estilo de coaching, estabelecendo metas, fornecendo *feedback* e encorajando a equipe a desenvolver novas técnicas de vendas."

3. Estilo Apoiador: Este estilo é caracterizado por baixa direção e alto suporte. O líder passa mais tempo ouvindo do que instruindo, facilitando o desenvolvimento pessoal e profissional dos membros da equipe. Melhor para membros da equipe que têm habilidades, mas podem carecer de confiança ou motivação.

"Um líder de uma equipe de desenvolvimento de *software* experiente percebe uma queda na moral da equipe. Ele adota um estilo apoiador, fornecendo um ambiente onde a equipe pode compartilhar preocupações, explorar soluções criativas e reacender sua paixão pelo projeto."

4. Estilo Delegador: O estilo delegador envolve baixa direção e baixo suporte. O líder confia nas habilidades e na motivação da equipe, dando-lhes autonomia para tomar decisões e resolver problemas. Usado para membros da equipe que são experientes, competentes e motivados.

"Um CEO de uma *startup* tecnológica tem uma equipe altamente qualificada e motivada. Ele adota um estilo delegador, permitindo que a equipe tome decisões operacionais importantes, enquanto ele se concentra em estratégias de longo prazo."

Implementar a liderança situacional efetivamente exige que os líderes sejam capazes de avaliar com precisão as competências e o comprometimento dos liderados, selecionar e adaptar o estilo de liderança mais apropriado para cada situação, comunicar-se de forma clara e eficaz, mostrar flexibilidade e focar no desenvolvimento contínuo da equipe.

A liderança situacional é notável por sua flexibilidade, resposta rápida às mudanças de ambiente e adaptação a diversas situações e necessidades. Acredito que focada em resolução e assertividade, foco no resultado e não no problema. Ela permite ao líder adaptar seu estilo a diferentes pessoas e situações. Isso é especialmente útil em ambientes dinâmicos, onde as demandas e as tarefas podem evoluir rapidamente. Ao ajustar seu estilo, o líder pode maximizar tanto a eficiência quanto a satisfação da equipe.

Um benefício-chave da liderança situacional é o desenvolvimento de liderados. Tenha um time melhor que você. Ao variar o estilo de liderança, os líderes podem ajudar os membros da equipe a desenvolverem suas habilidades e competências, aumentando gradualmente sua independência e confiança. A adaptabilidade é uma competência essencial no repertório de um líder moderno e de sucesso, promovendo uma mentalidade de aprendizado e crescimento profissional e pessoal de indivíduos tanto para o líder quanto os membros de sua equipe.

Em um mundo onde mudanças organizacionais, tecnológicas e sociais ocorrem a um ritmo acelerado, líderes que podem se adaptar às novas circunstâncias são inestimáveis. Eles são capazes de navegar por desafios imprevistos, gerenciar a diversidade nas equipes e manter a eficácia operacional em face da incerteza. Ao se adaptar a diferentes necessidades e capacidades da equipe, os líderes incentivam o desenvolvimento de habilidades e a autogestão entre os membros da equipe. Isso não só aumenta a resiliência da equipe, mas também promove um ambiente de trabalho onde a inovação e a criatividade podem florescer, gerando times ganhadores e de sucesso.

Apesar de seus muitos benefícios, a liderança situacional também apresenta desafios. Requer que os líderes sejam altamente adaptáveis e capazes de avaliar precisamente o nível de desenvolvimento de seus liderados. Isso demanda não só uma compreensão profunda das habilidades e motivações dos liderados, mas também a habilidade de se comunicar efetivamente e de estabelecer relações de confiança e comunicação assertiva, condição chave para líderes.

Outro desafio é a consistência. Mudanças frequentes ou abruptas no estilo de liderança podem confundir os liderados, levando a uma percepção de falta de consistência ou confiabilidade por parte do líder.

Para os líderes aspirantes ou atuais, entender e aplicar os princípios da liderança situacional pode ser um diferencial significativo. Promove uma abordagem mais reflexiva e responsiva à gestão, que é vital em um mundo em constante mudança. Ao abraçar os ensinamentos da liderança situacional, os líderes podem esperar não só alcançar seus objetivos organizacionais, mas também contribuir para o crescimento e desenvolvimento de suas equipes.

Além disso, a liderança situacional é uma abordagem versátil e dinâmica que reconhece a complexidade das relações humanas no ambiente de trabalho. Ela capacita os líderes a serem mais efetivos, adaptando seu estilo às necessidades de seus liderados e às demandas do ambiente. Essa adaptabilidade não apenas aprimora a eficácia da equipe, mas também cria um ambiente propício ao crescimento contínuo, crucial em um mundo de constantes mudanças e desafios.

Ao adotar a liderança situacional, os líderes podem não apenas alcançar objetivos imediatos, mas também contribuir para o desenvolvimento de uma força de trabalho resiliente e adaptável, pronta para enfrentar os desafios futuros. Isso é particularmente importante em um mundo onde a incerteza se tornou a norma e a capacidade de se adaptar rapidamente a novos cenários é fundamental para o sucesso a longo prazo.

Em conclusão, a liderança situacional representa uma ferramenta indispensável para os líderes contemporâneos, enfrentando um ambiente empresarial que está em rápida evolução e se tornando cada vez mais complexo. Sua capacidade de se adaptar a uma variedade de circunstâncias e responder às necessidades individuais dos liderados torna-a uma abordagem essencial para o sucesso em um ambiente de negócios que valoriza a flexibilidade, inovação e resiliência.

Ao incorporar esta abordagem, os líderes podem guiar suas equipes através de desafios e oportunidades, assegurando não apenas a realização de metas organizacionais, mas também o desenvolvimento e a satisfação de seus membros. Portanto, a liderança situacional não é apenas uma estratégia para o presente, mas também uma habilidade crucial para o futuro, permitindo que líderes e suas equipes prosperem em um mundo em constante transformação.

Não desistir, se adaptar às circunstâncias e foco no resultado são as chaves para superar qualquer desafio.

Natalia Pirro

PAULA COSCARELLI

Olá! Eu sou a Paula Coscarelli, da WeLeaders. Meu contato com a liderança começou desde meu trabalho como secretária executiva na Arthur Andersen/Deloitte (uma das Big 5 de auditoria). Lá já fui percebendo que alguns líderes eram adorados, enquanto outros... nem tanto.

Migrei para o RH quando trabalhei no HSBC e a partir daí estudei muito, aprendi na teoria e na prática (os líderes que eu atendia eram minhas "cobaias") quais as técnicas e ferramentas de liderança, comportamento humano, *coaching* e *mentoring* que davam mais certo para esse ou aquele perfil de líder e de equipe.

Mas foram nas duas últimas empresas em que trabalhei, da área de tecnologia (Wipro e Softplan), que me apaixonei pela liderança do futuro.

Criei um arsenal de técnicas/ferramentas e um programa de mentoria, e em 2019 fundei a WeLeaders. Hoje me dedico para transformar líderes comuns em líderes preparados para o futuro, com treinamentos, mentorias e consultoria.

Entre em contato:

DNA DA LIDERANÇA

28 LIDERANÇA NA ERA DIGITAL

Por Paula Coscarelli

Não fomos biologicamente configurados para lidar com um futuro de mudanças constantes. O nosso ritmo de evolução biológico foi moldado para ser linear, constante e pautado em experiências do passado, enquanto a tecnologia tem mudado numa velocidade exponencial, num ritmo que não conseguimos acompanhar cognitivamente. Então, precisaremos mudar esse nosso ritmo biológico com novas estratégias intencionais de aprendizado e de comunicação, ou vamos entrar em colapso.

O mesmo acontece para a liderança nessa era de tantas mudanças. As literaturas recomendadas "até outro dia" eram pautadas em experiências lineares, com estatísticas e previsibilidades sobre o que já tinha acontecido. Os líderes eram preparados para entenderem, analisarem, executarem processos e números (baseados em históricos passados), mas não foram devidamente preparados para cuidarem de "gente", nem para olharem para o futuro e inovação. Mas é exatamente isso que vai fazer total diferença nessa era digital.

Olha só: quanto mais tecnologia a gente tem, mais precisamos entender sobre pessoas. Mas se até agora a maioria dos líderes não foi:

1) devidamente preparada para desenvolver pessoas;

2) ensinada a ter e usar inteligência emocional no ambiente profissional;

3) ter foco numa comunicação assertiva;

4) orientada a pensar em inovação e olhar para o futuro.

Então como é que a gente faz agora?

Precisamos nos capacitar numa velocidade diferente, superar nossas limitações naturais e **mergulhar intencionalmente numa aprendizagem contínua** sobre seres humanos, comportamentos, pensamento crítico, inovação e futurismo. E, como líderes, temos essa missão com muito maior responsabilidade.

As tecnologias vão se transformando, se atualizando e já estão fazendo com maestria os processos operacionais que você foi tão habilmente capacitado para realizar. É importante lembrar que as máquinas ainda não são capazes de substituir completamente os humanos, mas estão evoluindo rapidamente.

Então, agora, para você se manter **relevante, competitivo e empregável** no futuro do trabalho, você vai precisar se capacitar em 3 pontos fundamentais:

1) entender muito mais sobre pessoas;

2) acompanhar tendências e mudanças no mercado e na tecnologia;

3) futuro (ser capaz de analisar e pensar estrategicamente em cenários complexos e imprevisíveis).

Provavelmente quando você ler esse capítulo, muita coisa em que eu me baseei tecnologicamente hoje (janeiro de 2024) pode estar desatualizada. Quem sabe você já pode ter um robô na sua equipe. Ou sua empresa pode ter falido porque não acompanhou as mudanças da tecnologia: lembram-se dos cases da Kodak e da Blockbuster[1]? Então, se você não quiser ser um líder-Kodak ou um líder-Blockbuster, preste muita atenção nisso aqui.

Hoje há um *gap* sobre "o que se sabe" e o que "precisamos saber". Estamos vivendo a Revolução 5.0, com inteligência cognitiva humana e artificial andando juntas; mas ainda há muitas empresas e muitos líderes com a cabeça ainda lá nas revoluções 3.0, a Revolução Industrial, com linhas de montagem, produção em escala, tudo igual para todo mundo, e a competência técnica era valorizada; ou na 4.0, que já trouxe a necessidade de habilidades digitais e de inovação, com líderes mais flexíveis. Mas, reforçando, já estamos na 5.0, e você precisa desenvolver e lapidar outras competências necessárias para sua sobrevivência profissional de hoje em diante.

Aprendemos de forma linear, com poucas mudanças, baseadas no passado. Mas agora o ambiente muda de maneira exponencial e essa conta não fecha, precisamos diminuir esse *gap*, aprender constantemente e de maneira intencional as competências que estão sendo exigidas pelo mercado de trabalho atualmente e também por nossos times:

1) ***Soft skills:*** ainda são elas que nos diferenciam das máquinas. E depois da pandemia da Covid-19, as pessoas não querem mais trabalhar em ambientes tóxicos ou com líderes ruins... Nunca as *soft skills* foram tão demandadas da liderança (e das pessoas em geral) como agora. O Fórum Econômico Mundial publicou, em 2020, quais seriam as 10 competências esperadas para o futuro do trabalho para 2025, e 8 delas são *soft skills*. Isso quer dizer que você precisa cada vez mais entender sobre pessoas e comportamento humano, aprimorar seu pensamento crítico, aprender e reaprender continuamente, aprimorar suas competências de liderança e influência social, desenvolver sua curiosidade para pensar em soluções inovadoras para problemas inéditos e complexos.

2) **Ser capaz de adaptar-se às mudanças** que acontecem num ritmo muito mais acelerado, imprevisível num médio/longo prazo, com tecnologias de impacto exponencial, num ambiente muito mais complexo e com muito mais informações disponíveis.

3) **Promover uma cultura de inovação**, ter pessoas diversas e *experts* na sua equipe, promover um ambiente seguro para que possam discutir, contribuir, testar, errar e evoluir. Os problemas são novos, ainda não têm referências para estudo, então as soluções precisarão ser criadas colaborativamente conforme os problemas vão acontecendo.

4) **Liderar equipes remotas ou híbridas:** as pessoas descobriram os benefícios de poder trabalhar de qualquer lugar do mundo. Você precisa se desapegar do espaço físico e do microgerenciamento (migrar do nível de detalhe para a agilidade) e criar bases sólidas de confiança entre os membros da equipe para que trabalhem por performance e entregas, e não por obrigação de ter uma jornada formal, em horário comercial, num escritório – quem insiste nesse formato já está perdendo talentos.

5) **Desenvolver times multigeracionais:** pela primeira vez na história, temos 4 gerações juntas no mercado de trabalho, e a geração Z (nascidos entre 1995 e 2010) entre já representa 50% da força de trabalho global[2]. É preciso entender as diferenças de perfis, o que motiva/o que repele, e como se comunicar bem com cada geração (eu tenho um treinamento específico sobre esse tema tão delicado e importante). É preciso adotar metodologias mais flexíveis para lidar com seu time mais jovem, com menos controle e mais preparo.

6) **Desenvolver pensamento crítico:** para fazer as melhores perguntas (os *prompts*) para a inteligência artificial e extrair os melhores resultados para análise. Aqui você e seu time vão precisar fazer uma curadoria tanto na base de dados para incluir na IA quanto nos resultados que ela trouxer, para entender se fazem sentido para seu contexto, seu produto, seu mercado, seu cliente. A IA deve te ajudar, mas não deve substituir a análise e a interpretação humana.

7) **Ambidestria:** o líder do futuro precisa ser capaz de manter o negócio rodando, ao mesmo tempo em que pensa e executa testes para inovação, aliando processos (mais técnicos) com experiência (mais emoção), tradição com ousadia, ferramentas tecnológicas com a inteligência humana.

8) **Futurismo:** o futuro se cria no presente e o líder do futuro é moldado hoje. É preciso ter visão e preparo para futuros cada vez mais incertos, com tomada de decisão mais complexa e com volume de informações cada vez maior. A visão de futuro desejado (por exemplo: expandir regiões, atuar globalmente, aumentar faturamento, ser líder de mercado) depende de ações que a liderança toma hoje, e esse propósito deve ser compartilhado com todos, com metas claras e específicas que podem (e devem) ser definidas em conjunto. Quanto mais o líder analisa possíveis cenários, mais ele se prepara e consegue se antecipar para o que pode acontecer, combate os vieses, percebe sinais de mudança e consegue articular a melhor combinação entre recursos, objetivos e ações necessárias para alcançar o resultado desejado. O líder precisa se reconfigurar a todo momento, dando espaço para um *mindset* inovador, enxergar cenários mais ampliados (com a ajuda da tecnologia) e pensar em sistemas híbridos (com humanos e máquinas).

9) **Investir muito tempo em comunicação e alinhamento de expectativas** e de informações, tempo para conhecer muito bem o time e quais os talentos de cada um que devem ser levados para a máxima performance. A liderança deve ser mais distribuída e colaborativa (as metodologias ágeis[3] baseiam-se nisso), então cerque-se de pessoas muito boas e que saibam mais que você em vários assuntos.

10) **Desapegar do conhecimento anterior**, aquele que você levou anos para adquirir, fez cursos, certificações, pós, MBA... isso por si só não garante mais a sua empregabilidade, então deixe seu ego de lado e entenda que você precisa de novas competências de liderança, mais humanas, mais inovadoras e mais ágeis.

Liderar na era digital é um grande desafio, que vai te demandar tempo, esforço, energia, disposição e muita flexibilidade para se adaptar às mudanças constantes e promover uma cultura de inovação centrada em pessoas, um equilíbrio entre tecnologia e humanidade. Mas é exatamente isso o que vai te manter relevante no futuro do trabalho. Se você não se preparar para o futuro, você será um líder sem futuro.

Quer saber mais? Acompanhe minhas redes sociais para saber mais sobre liderança e futuro do trabalho.

(Referências bibliográficas ao final do livro)

Futuro e inovação não se fazem sem pessoas.

Paula Coscarelli

PAULA PEIXOTO

Sou Paula Peixoto, filha de Márcio e Angelita, natural de Brasília/DF, resido em Goiânia/GO com a minha família: meu marido Stenyo e minhas filhas Clara e Luiza.

Sou agente de transformação das pessoas no mundo, mentora, escritora, *coach*, analista comportamental, consultora financeira especialista em Educação Financeira Familiar.

A minha palavra de ordem sempre foi servir! Por longos anos, eu exercitei com maestria esse papel. Nessa trajetória, amadureci e percebi que servir era muito mais que simplesmente doar coisas em prol de outrem; isso era algo momentâneo. Reconheci que eu poderia ir muito além trazendo para a sociedade o único poder capaz de realmente libertar as pessoas: o poder da escolha através do conhecimento. Foi assim que intensifiquei a minha jornada.

DNA DA LIDERANÇA

paulapeixoto.oficial

+55 (62) 98190-8154

Paula Peixoto

paulapeixoto.oficial

assessoriapaulapeixoto@gmail.com

29 TALENTO: CULTIVANDO FUTUROS LÍDERES

Por Paula Peixoto

Despertando os futuros líderes

No vasto campo do desenvolvimento humano, o cultivo de líderes começa em solo fértil: a infância. É crucial reconhecer a semente dos líderes desde de cedo. Identificar e nutrir talentos para a liderança não apenas molda indivíduos excepcionais, mas também fortalece a base de nossa sociedade.

Iremos explorar por que identificar e nutrir talentos desde cedo é a chave para um futuro resiliente e inspirador. Ao oferecer oportunidades para que jovens expressem suas ideias e liderem pequenas iniciativas, podemos despertar uma chamada interior que os motivará ao longo da vida. Esse texto não é apenas uma reflexão, mas um convite à ação. Cada palavra aqui é uma semente, e cada um de nós somos jardineiros capazes de contribuir para o florescimento de líderes extraordinários. Afinal, nas primeiras páginas da vida, a liderança começa a ser escrita.

Líderes do futuro: traçando o perfil dos visionários

À medida que o cenário global evolui, o perfil dos líderes do futuro emerge como uma sinfonia de habilidades essenciais, moldadas para enfrentar desafios complexos e dinâmicos. Destacam-se quatro características fundamentais que se tornarão pilares indispensáveis para os líderes que conduzirão o amanhã: empatia, resiliência, capacidade de adaptação e pensamento crítico.

Empatia: a essência da conexão humana. Líderes visionários compreenderão a importância intrínseca da empatia, uma habilidade de compreender e se conectar verdadeiramente com as emoções, perspectivas e necessidades dos outros. Irão além das métricas e números, serão hábeis em entender as necessidades e aspirações de suas equipes. A empatia não será apenas uma competência, mas a essência que guiará decisões e cultivará ambientes inclusivos.

Resiliência: capacidade de transformar desafios em oportunidades. A resiliência será a bússola que orienta os líderes através das tempestades da incerteza, não é apenas a capacidade de resistir a pressões externas mas a habilidade de adaptar estratégias e manter um espírito otimista. A resiliência é a força motriz por trás da liderança duradoura.

Capacidade de adaptação: é a habilidade de prosperar em ambientes voláteis. Os líderes do futuro não apenas aceitam a mudança, mas a abraçam como uma oportunidade para a inovação. Eles não se apegarão rigidamente aos *status quo*, mas verão as mudanças com bons olhos. Essa mentalidade adaptativa mantém as organizações relevantes e as colocam na vanguarda da evolução.

Pensamento crítico: em um mundo saturado de informações, o líder do futuro é um pensador crítico afiado. O pensamento crítico será um guia diante de informações vastas e muitas vezes contraditórias. Esses líderes serão habilidosos em discernir, questionar e analisar.

Em síntese, eles conduzirão e inspirarão equipes através da empatia, preservando diante dos desafios com resiliência, adaptando-se as mudanças com agilidade e navegando por complexidades com um pensamento crítico afiado. Esse perfil não é apenas uma visão, é a resposta à crescente mudança do mundo, forjando líderes preparados para enfrentar os desafios que estão por vir.

Obstáculos no caminho dos futuros líderes e como superá-los

Na trajetória pela liderança, os futuros líderes enfrentarão desafios significativos que moldarão sua jornada, irão se deparar com situações difíceis que representam uma oportunidade de crescimento e aprendizado. O primeiro desafio é a pressão constante e incessante. É como uma tempestade que se forma rapidamente, exigindo decisões claras, rápidas e precisas.

No entanto, o líder do futuro vê na pressão uma oportunidade para a inovação, o conselho é claro: veja a pressão como um catalizador para seu crescimento, abrace-a como uma oportunidade para forjar fortalezas internas, e não como obstáculo intransponível.

Ao avançar, encontrará a adversidade. Ela é como uma onda imprevisível, desfiando a estabilidade da jornada. Cada reviravolta testará não apenas as habilidades técnicas mas também a resiliência. O conselho ressoa: veja a adversidade não como um obstáculo, mas como um mestre na arte da resiliência, permitindo que cada desafio seja uma oportunidade para fortalecer a jornada.

A consistência é como manter o barco no curso certo, manter-se consistente em meio a imprevisibilidade é um obstáculo, o conselho é cultivar hábitos sólidos, transformando a consistência em uma luz que guia o caminho mesmo em noites mais escuras.

O último desafio é lidar com a ambiguidade. É como navegar em águas incertas, tomar decisões quando o caminho não está claro é crucial. Cada momento incerto é uma chance de explorar, aprender e evoluir. O conselho é abraçar a ambiguidade como um aliada, na busca contínua por soluções criativas, nesta jornada singular cada desfio é uma peça vital. Esses não são obstáculos, mas etapas cruciais na construção de uma liderança resiliente e autêntica, elementos fundamentais para a construção de uma narrativa sólida e inspiradora.

Exemplos inspiradores

No palco mundial, jovens líderes emergem como catalizadores de mudanças positivas, demonstrando que a idade não é uma barreira para a influência transformadora. Veja dois exemplos inspiradores:

1- Eduardo Lyra - Criador da ONG Gerando Falcões, é um visionário que transformou desafios pessoais em uma missão de impacto social. Seu trabalho voltado para a inclusão e desenvolvimento de comunidades periféricas tornou-se uma referência nacional. Eduardo personifica como a liderança pode ser uma força transformadora, desencadeando mudanças positivas nas estruturas sociais.

2- Malala Yousafzai - Defensora Global da Educação, paquistanesa e ativista pelos direitos das mulheres e educação, tornou-se um ícone global. Sobreviveu a um ataque do Talibã por sua defesa pela educação feminina, Malala continua a ser uma voz poderosa e inspiradora. Seu trabalho incansável evidencia como a liderança pode ser um veículo para transformar desafios pessoais em uma missão global por justiça e igualdade.

Esses jovens líderes não apenas alcançaram o sucesso, mas também demonstram como a liderança pode ser uma força transformadora em escala global. Seus feitos não são apenas fontes de inspiração, mas testemunhos vivos de como a paixão, a resiliência e o compromisso podem moldar o mundo para melhor. Eles deixam um legado duradouro, inspirando as gerações futuras a assumirem o papel de líderes visionários, impulsionando mudanças positivas em suas comunidades e no mundo como todo.

O papel da educação familiar no desenvolvimento do potencial líder

A educação dos pais desempenha um papel vital no desenvolvimento e no cultivo do potencial dos jovens. Ao modelarem comportamentos positivos, criarem ambiente estimulantes e estabelecerem expectativas realistas, os pais exercem uma influência direta no desenvolvimento dos seus filhos.

Aqui estão algumas formas em que a educação dos pais é fundamental para incentivar e nutrir o potencial dos filhos: essa influência vai além das lições tradicionais e abraça um espectro mais amplo, moldando não apenas o intelecto, mas também os valores e habilidades sócioemocionais essenciais.

Os pais são os primeiros e mais significativos modelos de comportamento. Seja no entusiasmo pela aprendizagem, na resiliência dos desafios ou na abordagem positiva ao crescimento, suas ações falam mais alto que as palavras. Ao cultivarem uma mentalidade de aprendizagem contínua, os pais inspiram os seus filhos a abraçarem o potencial ilimitado de suas próprias jornadas.

Um lar que valoriza a curiosidade e a criatividade cria uma atmosfera onde o potencial jovem pode florescer. Ao proporcionar acesso a livros, experiências educativas e oportunidades de explorar interesses individuais, os pais estabelecem as bases para o crescimento e a descoberta.

Estabelecer expectativas é uma forma sutil, mas poderosa, de moldar o potencial dos jovens. Expectativas positivas, combinadas com um apoio inabalável, criam um ambiente propício para o desenvolvimento da autoconfiança e da autoeficácia. Acreditar no potencial dos jovens é o primeiro passo para que eles também acreditem em si mesmos.

A comunicação é a cola que une pais e filhos. Diálogos abertos, onde pensamentos, dúvidas e sucessos podem ser compartilhados livremente, criam um espaço seguro. Esse ambiente de confiança emocional é vital para que os jovens se sintam apoiados em sua busca por explorar e realizar seu potencial.

Educar sobre a importância da resiliência diante do fracasso e da persistência diante dos desafios é uma lição de vida crucial. Pais que destacam que o aprendizado muitas vezes vem acompanhado de erros incentivam uma mentalidade de crescimento e a busca constante pelo aprimoramento.

Cada jovem é único, com talentos e paixões individuais. Pais atentos são capazes de identificar esses talentos e fornecer apoio específico. Ao encorajar a exploração de diferentes áreas e o desenvolvimento de paixões individuais, os pais ajudam a nutrir o potencial inato de seus filhos.

Além do conhecimento acadêmico, habilidades socioemocionais são fundamentais. Pais que ajudam no desenvolvimento da empatia, resolução de conflitos e colaboração preparam os jovens para os desafios pessoais e profissionais que enfrentarão no futuro.

Em síntese, a educação dos pais transcende a transmissão de informações. Ela é um guia na jornada do crescimento integral, capacitando os jovens a enfrentarem os desafios da vida com confiança, compreensão e a habilidade de realizar seus sonhos e aspirações. Cada estratégia se entrelaça, formando um mapa da empatia que transcende as barreiras do tempo.

Ao investirem na educação emocional, intelectual e prática de seus filhos, os pais capacitam os jovens a se tornarem indivíduos confiantes e preparados para explorar o vasto potencial que a vida oferece. É um ciclo interminável de crescimento onde a educação familiar é a força propulsora que impulsiona o potencial jovem para novos horizontes. Essa influência duradoura dos pais é um presente que ressoa por toda a vida de seus filhos, moldando não apenas quem são, mas quem podem se tornar.

Liderar é despertar no outro a vontade de fazer. Nosso pensamento cria nossa própria realidade.

Paula Peixoto

RICHELY TAMURA

Sou Richely Tamura, mãe da Bianca, casada com Marcos Tamura, moro em São Paulo. Desenvolvi minha carreira na indústria farmacêutica e há 4 anos atuo como mentora e coach de Carreira & Liderança na RT mentoria e Coaching.

Sou analista comportamental (DISC), Colunista da ISTOÉ Mulher, especialista em gestão de pessoas e processos, com experiência prática com quase duas décadas de atuação no meio corporativo em cargo de liderança; CHO (Chief Happiness Officer), mais de 2 mil horas de atendimento e centenas de profissionais atendidos nas mentorias individuais e em grupos.

Apaixonada pelo desenvolvimento humano e consciente do papel que o líder exerce na sociedade, muitas vezes sem ter sido preparado para tal. Entusiasta da liderança positiva, do *líder coach* e da missão da liderança.

richelytamura
+55 (11) 98250-2006
Richely Tamura
richelytamura@richelytamura.com

30 SOLIDÃO DA LIDERANÇA: COMO TORNAR ESSA JORNADA MAIS LEVE

Por Richely Tamura

Líder tóxico, saúde mental abalada, "Burnout", chefe horrível: essas são algumas palavras bem comuns, nos dias atuais, que os profissionais usam para se referirem à suas lideranças. Do outro lado, temos pessoas que por vezes não tinham a intenção de se tornarem líderes, ou mesmo os que tinham, hoje fazem isso utilizando o *feeling* ou se espelhando em lideranças que tiveram, assumem um papel bem delicado de vilões por tomarem decisões impopulares ou passivos demais, quando tentam ser democráticos a todo momento.

A verdade é que no fim do dia precisam se preocupar com os resultados, com a expectativa da alta direção, com a expectativa da equipe, com o desenvolvimento de colaboradores, *feedbacks*, controle de ponto, absenteísmo e por vezes não conseguem dividir essa preocupação com ninguém, se sentem sozinhos, incompreendidos e injustiçados também.

Escrevo isso num lugar de identificação, por ter vivido a liderança desde os meus 26 anos e ter experimentado esse tipo de sentimento, e hoje, após atender centenas de líderes que têm na mentoria um espaço seguro para falar sobre seus anseios.

O grande problema é que acredita-se que o líder precisa se demonstrar forte a todo momento, precisa ter todas as respostas, ser extremamente equilibrado e coerente, saber exatamente a hora de falar e de calar, dar suporte, reconhecimento, desenvolvimento a sua equipe e, além disso, acredita-se que ele ganha muito para isso; que é uma posição de "status" e de privilégios e que por isso deve aguentar mais pressão do que a equipe. Em resumo, espera-se do líder algo que nem sequer quem espera é capaz de fazer na prática. A verdade é que o líder é um ser humano imperfeito, assim como seus liderados!

A solidão da liderança é um paradoxo persistente, onde indivíduos que guiam equipes muitas vezes se veem isolados em suas decisões e responsabilidades. A ausência de um ombro igualmente forte para apoiá-lo pode o levar a uma sobrecarga emocional e mental. O dilema é evidente: como equilibrar a liderança com a necessidade humana básica de conexão?

Os efeitos dessa solidão são vastos e impactantes. A exaustão emocional pode resultar em tomadas de decisão ruins, enquanto a falta de suporte pode minar a confiança do líder. A saúde mental pode declinar, desencadeando um ciclo negativo que afeta não apenas o líder, mas também a equipe e, por fim, a organização. É uma cadeia de eventos que pede uma interrupção consciente.

Nesse capítulo, te convido a olhar para a liderança como uma missão e aprender a como deixar esse ofício mais leve, com o olhar voltado também para suas necessidades. Vem comigo?

Há um tempo atrás, estava respondendo uma caixinha de perguntas no Instagram e um rapaz mandou a seguinte mensagem: "Você acha justo que um líder ganhe apenas R$200,00 a mais que seu subordinado?". Sem entrar no mérito da política de cargos e salários, retornei a pergunta: "Você gostaria de ganhar R$200,00 a menos e deixar de ser líder? Trocar de posição com ele?". Fato é que a maioria dos líderes diria que não! Quem tem a liderança nata, fatalmente alcança essa posição quase que naturalmente e normalmente não faz isso pelo salário que ganha, por isso eu digo que liderança é uma missão! Sabemos de todos os desafios, mas não queremos deixar de ser.

Costumo fazer a analogia com um professor, a diferença é que o professor estudou para isso, tem didática, tem preparo psicológico e conhecimentos específicos em sua formação, já o líder de qualquer área não tem esse conhecimento de início, acaba se aventurando em um lugar desconhecido, aprendendo na prática do dia a dia.

Outra analogia que podemos fazer é com os atletas de alta performance, que treinam na maior parte do tempo para competir por algumas horas ou minutos em alta performance, já o líder está "em campo" na maior parte do tempo e o tempo de desenvolvimento/treinamento é quase nulo, porém a alta performance é exigida na mesma medida.

É verdade que existem líderes tóxicos, mas existem liderados tão tóxicos quanto, sem contar que o líder também tem um líder, na maioria das vezes. No palco da liderança, onde as decisões cruciais são tomadas e as responsabilidades pesam como uma coroa, o líder muitas vezes se encontra navegando nas águas solitárias do comando. Essa solidão não é apenas uma questão de espaço físico, mas uma carga emocional que recai sobre aqueles que ousam guiar.

O líder, por natureza, é o farol da equipe, a âncora da organização. No entanto, essa posição de destaque muitas vezes vem acompanhada de um isolamento peculiar. A responsabilidade final repousa sobre os ombros do líder, e é essa responsabilidade que tece as fibras invisíveis da solidão. As decisões importantes, as encruzilhadas estratégicas são desafios que muitas vezes não podem ser compartilhados totalmente, aumentando a pressão e o peso emocional.

A solidão da liderança não é uma condição abstrata; ela se manifesta de diversas maneiras. O líder muitas vezes se encontra distante das interações comuns, isolado por uma barreira invisível de autoridade, não fazem parte do grupo de WhatsApp da equipe (mesmo que sempre esteja presente nos assuntos abordados) e não são convidados para almoçar com frequência.

Os desafios enfrentados pela equipe podem ser compartilhados, mas as lutas pessoais, as incertezas e os dilemas éticos geralmente permanecem confinados à mente solitária do líder.

A pressão constante de liderar pode gerar uma desconexão gradual. A necessidade de manter uma fachada de confiança e certeza pode afastar o líder das verdades mais profundas de suas próprias inseguranças e vulnerabilidades. A solidão, assim, torna-se não apenas uma realidade externa, mas uma presença internalizada, obscurecendo a autenticidade e a humanidade do líder.

As consequências da solidão da liderança são palpáveis. A exaustão emocional é uma sombra persistente, afetando não apenas o bem-estar mental do líder, mas também a qualidade das decisões tomadas. A falta de um espaço seguro para compartilhar preocupações e buscar orientação pode resultar em isolamento emocional, exacerbando o fardo do comando.

No entanto, a solidão da liderança não é uma sentença perpétua. Estratégias conscientes podem suavizar as águas turbulentas da solidão. A construção de uma rede de apoio - seja por meio de mentores, colegas líderes ou grupos de apoio - oferece um farol de esperança. A promoção de uma cultura organizacional que valoriza a transparência e a comunicação aberta cria pontes sobre o abismo da solidão.

A autoconsciência também desempenha um papel crucial. Reconhecer as próprias limitações e buscar ativamente formas de autocuidado é uma forma poderosa de combater a solidão. Práticas como o *mindfulness* e a busca por momentos de pausa estratégica são ferramentas vitais para preservar a saúde mental e emocional do líder.

Ao explorar a solidão da liderança, é essencial reconhecer que essa jornada não precisa ser solitária por escolha. Líderes inspiradores compartilham suas histórias, destacando que a vulnerabilidade não é um sinal de fraqueza, mas de autenticidade e força. A partilha de experiências cria uma tapeçaria de compreensão mútua, conectando líderes em uma comunidade que compreende os desafios únicos que enfrentam.

Uma pesquisa recente sobre as principais *soft skills* requeridas pelos líderes e liderados resultou num ponto comum: a comunicação! Liderados querem que líderes se comuniquem melhor e vice-versa. Você já experimentou perguntar a sua equipe o que fariam em seu lugar sobre determinado assunto ou decisão? Essa é uma forma de desenvolver e demonstrar a visão estratégica que um líder precisa ter.

Transitar pelos diferentes estilos de gestão também é ponto fundamental, dependendo do que a situação requer, demonstrar suas vulnerabilidades causa empatia e compreensão. Se a empresa hoje não tem um programa de liderança para ajudar em seu desenvolvimento, não deixe de buscar externamente. Você, mais do que ninguém, sabe da importância de tomar o protagonismo da sua carreira, olhe para você e para seu desenvolvimento. No *budget* anual não se esqueça de prever algo nesse sentido, é necessário cuidar de quem cuida, coloque a máscara de oxigênio primeiro para poder ajudar os demais.

O ponto chave que faz com que você realmente diminua os impactos da solidão na liderança é construir uma relação de confiança com sua equipe! Quando você constrói uma relação de confiança com a equipe, consegue ter liberdade de compartilhar algumas coisas mais estratégicas com eles e assim diminuir tais impactos!

Tudo isso parece muito simples, mas tem dois fatores que ainda não mencionei: o autoconhecimento e a inteligência emocional. Você vai conseguir aplicar as orientações que eu trouxe aqui se tiver desenvolvido esses dois, afinal, de novo, se trata de um ser humano imperfeito liderando outro.

O autoconhecimento pode ser alcançado através de sessões de *coaching* ou terapias, existem várias ferramentas que nos ajudam nessa jornada, isso acaba sendo um facilitador para a inteligência emocional, uma vez que, se conhecendo, fica mais fácil prever e gerenciar suas emoções. Se pudesse te dar uma sugestão de investimento e de como iniciar essa jornada, seria isso: busque se conhecer e desenvolver sua inteligência emocional.

Espero que esse capítulo tenha provocado *insigths* importantes para sua evolução como líder. Aguardo seu contato para podermos explorar de forma mais específica sua realidade e ajudar você a trilhar esse caminho missionário da liderança! Me deixe saber suas impressões sobre esse capítulo através das minhas redes sociais e te enviarei um presente para continuar seu processo de evolução.

Conte comigo!

Quem tem a liderança como missão de vida fatalmente alcança essa posição, não faz isso pelo salário que ganha, mas por realização pessoal.

Richely Tamura

ROGÉRIO SPINELLI

Sou Rogério Spinelli, natural de São Paulo/SP, casado, pai de seis filhos, cristão e resido em Curitiba/PR.

Formado pela Febracis e Grupo Kaercher, sou treinador comportamental, palestrante e mentor em comunicação.

Como jornalista, atuei por 23 anos como apresentador e editor em emissoras de TV e Rádio, em várias regiões do Brasil.

Desde 2019, me dedico, exclusivamente, à área de desenvolvimento humano, com a missão de ajudar pessoas a encontrarem seu propósito de vida e terem realização profissional e pessoal. Nosso instituto já impactou milhares de pessoas, com palestras, treinamentos de alto impacto emocional, mentorias e atendimentos de *coaching*. Sou grato a Deus por conhecer pessoas que me ajudaram nessa jornada. O autoconhecimento foi indispensável para me tornar quem sou hoje.

rogeriospinelli.mentor
+55 (11) 99795-2607
spinelli.instituto@gmail.com

DNA DA LIDERANÇA

31 AUTOCONHECIMENTO: A BASE DO LÍDER EFICAZ

Por Rogério Spinelli

Vivemos em uma época em que a dinâmica da vida está cada vez mais acelerada e fechar-se para as mudanças, ou acreditar que o conhecimento que te trouxe até esse momento já é suficiente para obter resultados acima da média, é aceitar o fracasso imposto por uma visão embaçada de sua capacidade de crescimento constante.

Estamos em constante evolução e, a cada etapa da vida, temos percepções diferentes sobre nós mesmos e o meio em que vivemos. Mas, se somos a mesma pessoa, por que a maneira como lidamos com determinadas situações muda com o passar do tempo? Talvez já tenha ouvido alguém dizer: "Se eu tivesse a sua idade, com a experiência que tenho hoje, certamente teria agido diferente". Será? Foi o tempo que mudou a maneira dela pensar ou, foram experiências negativas provocadas por decisões erradas, tomadas num impulso, por não saber lidar com suas emoções?

Quero te apresentar alguns passos que me ajudaram a ter resultados melhores e que me tornaram um líder eficaz. Mas, antes, deixa eu te contar uma breve história:

Eu sou fruto de uma família desestruturada. Caçula de pais separados e de uma gravidez indesejada, sobrevivi à violência verbal dentro de casa e à criminalidade da periferia de São Paulo. Nesse contexto de vida, me alimentei de sentimentos tóxicos e as consequências de uma visão de mundo completamente distorcida, prejudicaram meus relacionamentos pessoais que me impediram de aproveitar grandes oportunidades profissionais.

O fato de não saber quem eu era, quais os valores conduziam minhas ações na hora de tomar uma decisão, por mais simples que fosse, na minha cabeça girava um turbilhão de dúvidas sobre a minha capacidade de fazer. Não me sentia merecedor de ocupar cargos de liderança, porque não conseguia ver em mim habilidades que os outros enxergavam. Era doloroso ver colegas subirem ao "pódio" e ocuparem o "meu" lugar.

Por inúmeras vezes, ouvi as pessoas baterem no meu ombro e dizerem: "Cara, você tem um enorme potencial!" Mas, se isso era mesmo verdade, por que será que eu não acreditava nisso? Eu já tinha mais de 40 anos quando minha esposa e eu fomos convidados para fazer parte de uma equipe de jornalismo, um tanto inexperiente, de uma emissora de rádio e televisão no interior de São Paulo. Muito bem recebido por todos, tudo indicava que seríamos felizes e realizados profissionalmente. Não demorou muito e logo começaram a aparecer as primeiras dificuldades.

Como editor-chefe e apresentador do jornal, uma de minhas atribuições era solucionar problemas, para que tudo ocorresse bem e o telespectador nem notasse a confusão que acontece numa redação minutos antes de ir ao ar. O fato é que, no afã de querer que tudo saísse perfeitamente, não percebia que alguns dos colegas ficavam extremamente chateados com a maneira com que eu me comunicava com eles durante o processo de construção do telejornal. Eu só queria o melhor para a empresa, afinal, com muito mais experiência profissional, por ter trabalhado em outras emissoras, poderia contribuir com a qualidade do produto e o desenvolvimento de cada um deles.

Bem, essa era a minha percepção sobre o ambiente geral e a maneira como compreendia o desenrolar das atividades de cada membro e o porquê de ter sido contratado para ocupar aquele cargo. Você consegue entender que o grau de arrogância em suas atitudes pode ferir sua equipe? Só querer o melhor das pessoas que trabalham com você, sob o seu ponto de vista, não é o suficiente. É nesse ponto que muitos falham. A arrogância nos impede de aceitar o *feedback* de pessoas que julgamos ter menos experiências naquilo que fazemos.

Minha atitude reativa não foi bem aceita, os relacionamentos entraram em conflito, as brigas se tornaram frequentes e logo meu rendimento caiu. Procurei encontrar culpados para justificar meu comportamento negativo, acreditando que havia feito tudo que estava ao meu alcance para que as coisas não chegassem ao ponto de pedir demissão. Eu amava o que fazia, estava satisfeito com o local de trabalho, mas então, por que tudo estava dando errado na minha vida outra vez?

Carl Jung tinha razão ao dizer que "Aquilo que nunca quisemos saber sobre nós mesmos, volta a nos confrontar como destino." Eu não sabia por que eu falava como falava, pensava como pensava, agia como agia. Será que saber disso iria mesmo fazer alguma diferença na minha vida? O que eu precisava ver em mim que só os outros enxergavam?

A ignorância sobre si mesmo é o veneno que enfraquece seus resultados. Pode ser que você tenha crescido em um lar com pais amorosos, que ofereceram uma educação exemplar, com valores morais e equilíbrio emocional para lidar com situações de conflito. Perfeito! Entretanto, chegará o momento que irá se deparar com pessoas da sua equipe, na sua empresa, talentosas e tecnicamente preparadas para ocuparem funções importantes, mas, que irão depender de suas habilidades como líder para sobreviverem às fragilidades emocionais delas.

Eu queria ser um grande líder, só não sabia como. Estava cansado de cometer os mesmos erros e deixar escapar oportunidades. Somente depois de mergulhar no meu eu, de fazer uma introspecção profunda, minha verdadeira identidade foi revelada. Foi como se uma densa névoa se dissipasse diante dos meus olhos, deixando meu caminho iluminado. Essa clareza me ajudou a tomar decisões assertivas e a conquistar resultados surpreendentes para alguém que nunca acreditara no próprio potencial.

Foi a partir dessa jornada de autoconhecimento que comecei a entender quais eram os estímulos que produziam em mim sentimentos de capacidade e realização para agir na direção dos meus sonhos. Qual era o meu perfil de liderança e quais pontos precisavam ser trabalhados para desenvolver novas habilidades.

A vulnerabilidade foi um desses pontos. Ser vulnerável, em algumas situações, não é sinal de fraqueza, mas de conexão e proximidade pra gerar maior confiança nas pessoas. Somos ensinados desde pequenos que devemos ser fortes, confiar apenas em nossos instintos. A luta para conquistar o seu espaço nem sempre é justa, e ao menor sinal de medo, pode pôr tudo a perder. Besteira! Não acredite nisso. Essas ideias estão ultrapassadas. O medo pode te prevenir da arrogância.

Eu não sei qual é o seu contexto de vida enquanto lê essas páginas. Se de muitas conquistas e sonhos realizados ou de fracassos e frustrações. Como você lida com essas sensações e sentimentos? Qual o aprendizado tirou de cada um deles? Tudo que apresento aqui faz parte das experiências dos caminhos por onde passei. Por isso, posso afirmar que o autoconhecimento se tornou algo indispensável para o líder que não se contenta com resultados medíocres.

Sou a prova de que é possível mudar para melhor, e isso pode acontecer em qualquer fase da vida. Hoje, eu sei quem eu sou! Consigo me ver um homem mais completo, tanto na vida pessoal, ao lado da minha esposa, filhos, amigos, quanto na vida profissional, ajudando pessoas a terem um encontro consigo mesmas, a realizarem seus objetivos e identificarem o seu propósito.

Se quer ser um líder eficaz, precisa saber quais são os valores mais fortes que determinam suas ações num momento de decisão. Quando você não sabe quais são os seus valores, está correndo um sério risco de ser conduzido pelos valores de outra pessoa, e os resultados podem ser diferentes daqueles que tanto almeja.

Uma das competências mais requisitadas pelas empresas hoje é a capacidade de se comunicar bem, e eu achava que sabia! Foi nesse ponto que cometi a maioria dos meus erros e tive enormes prejuízos. Minha boca falava uma coisa, porém, as minhas expressões e a maneira como eu me comportava diziam outra bem diferente. Ignorar que a minha comunicação era um dos fatores responsáveis pelos desentendimentos frequentes me levou a perder o controle da situação. E quando um líder não sabe gerir suas próprias emoções, nem tão pouco reconhecê-las, significa que existe uma disfunção emocional que precisa ser analisada com cuidado para que o seu comportamento e sua atitude não comprometam a qualidade do trabalho e o rendimento das pessoas que confiam nele. Sabe, mudanças são necessárias, o que vai fazer com que elas se tornem boas ou ruins são as escolhas que fazemos no momento de decisão.

Os objetivos conquistados nos últimos anos são frutos de muito desenvolvimento pessoal, de estudos, cursos, mentorias, muita entrega e dedicação. Um verdadeiro líder explora seu interior, assim como um cientista vai a fundo em sua pesquisa para identificar a cura de uma doença, até então, incurável.

Durante anos, fui elogiado pelas pessoas que me assistiam na televisão pela maneira como apresentava e me portava frente às câmeras. A minha imagem externa é que estava sendo projetada. Eu era apaixonado por aqueles momentos. Acho que me apeguei a isso para não querer mexer no que estava do lado de dentro. Infelizmente, demorei muito para fazer essa reforma interna e remover toda a sujeira que atrapalhava meu desempenho.

Você não tem que ser perfeito, só precisa conhecer melhor seus pontos fracos para evitar ou minimizar seus erros e identificar com maior rapidez aquilo que tem de melhor, onde vai exercer uma concentração de força e aumentar sua velocidade na direção de suas realizações.

Finalmente, pude me apropriar da minha essência e exercer o papel escolhido por Deus na minha vida. Hoje, me orgulho de ser reconhecido pelo trabalho que desempenho e pelos agradecimentos que recebo de pessoas que tiveram sua vida transformada, motivadas por algo que fiz e que despertou nelas o desejo de mudança. Sim, o autoconhecimento é o primeiro passo para que todos os outros se concretizem na trajetória de um líder eficaz. Comece por dentro.

A ignorância sobre si mesmo é o veneno que enfraquece seus resultados.

Rogério Spinelli

SAMUEL DE SOUZA

Sou Samuel Costa de Souza, natural de Manaus/AM, onde resido e trabalho.

Formado em Processos Gerenciais pela UNIP, há 5 anos fundei a InHouse, uma agência digital *indoor* e remota, onde sou diretor e *head*, atuando com redes sociais de mais 30 clientes espalhados pelo Brasil e também no Sul da Flórida (EUA). Visando aprendizado e *network*, fundei a InHouse.EXP, com eventos e atualizações pelo país.

Mas não começou assim, atuei em Educação Física por 10 anos, e o processo de reinventar e gerar uma imagem de autoridade do absoluto zero me fez adquirir força, resiliência e muita vontade de crescimento. Hoje, meu foco é ajudar empreendedores a se conectarem com o mundo digital, além de evoluir pessoal e profissionalmente com a troca de experiências.

eusouosamuca

inhouse.agencia

+55 (92) 998221-2969

Samuel de Souza

samuca@agenciainhouse.com.br

32 GESTÃO DE EQUIPES VIRTUAIS: LIDERANDO A DISTÂNCIA COM EFICÁCIA

Por Samuel de Souza

Querido leitor,

Se interessar por este capítulo é me dar em uma bandeja de prata que você atua com "eupresa", "eugência", "euloja", acertei? Talvez não por uma opção, ou o exercício remoto te facilite em outras atuações. Mas sem deduzir, quero te encorajar que, em um mundo conectado digitalmente, liderar à distância tornou-se uma realidade incontornável.

A distância física pode parecer um obstáculo para muitos líderes. Somada a ela, a ausência de interações presenciais cria um desafio único: como liderar, motivar e unir uma equipe dispersa geograficamente? Este é o dilema que enfrentamos, mas acredite, as soluções estão ao nosso alcance.

Os impactos de uma gestão inadequada de equipes virtuais são tangíveis.

Desconexão, desmotivação e falta de alinhamento são sintomas de uma liderança à distância mal executada. A consequência direta? Quedas na produtividade e na qualidade do trabalho. Contudo, não estou aqui para me deter nas consequências negativas, mas sim para explorar estratégias positivas que podem transformar essa realidade. Eu já passei pelos maiores perrengues e vim te auxiliar. Vamos às suas ferramentas?

1. Comunicação efetiva

No vasto território da gestão de equipes virtuais, a comunicação efetiva é a bússola que nos guia por entre desafios e oportunidades. Neste capítulo, vamos desvendar os segredos de construir laços sólidos e uma comunicação que transcende as fronteiras físicas.

A distância não é mais uma barreira quando temos a comunicação como aliada. Em um mundo digital, as palavras ganham asas e a conexão acontece em cada mensagem, chamada de vídeo ou e-mail. Essa é a magia da comunicação virtual, uma ferramenta poderosa que transforma espaços distantes em pontes de compreensão.

A comunicação efetiva não é monótona; é vibrante e diversificada. Utilize uma gama de canais, desde videoconferências para momentos-chave até mensagens instantâneas para interações rápidas. A variedade de canais não apenas mantém a comunicação dinâmica, mas também se adapta aos estilos individuais da equipe.

2. Expectativas transparentes

Imagine a clareza como um farol em meio à escuridão da incerteza. Ao estabelecer expectativas transparentes, você proporciona à sua equipe a orientação necessária para navegar pelos desafios. A clareza não apenas reduz a ansiedade, mas também cria um terreno fértil para a confiança florescer.

Em equipes virtuais, cada membro é uma peça vital no quebra-cabeça do sucesso. Estabelecer quem faz o quê é fundamental. Defina claramente os papéis e responsabilidades, assegurando que cada membro compreenda seu lugar na engrenagem da equipe. Esta clareza evita sobreposições e lacunas, promovendo uma colaboração eficiente.

As expectativas transparentes estendem-se além de quem faz o quê. Elas também abrangem o "o quê" – ou seja, as metas da equipe. Estabeleça metas claras, alcançáveis e mensuráveis. Isso não só fornece um norte para a equipe, mas também permite avaliações objetivas do progresso. Metas transparentes são faróis de motivação, guiando todos na busca por resultados significativos.

3. Confiança (mesmo que virtual)

A transparência é a moeda da confiança. Compartilhe informações relevantes, mesmo aquelas que podem parecer sensíveis. Quando todos têm uma visão clara do panorama, a confiança se fortalece. A verdade, mesmo que às vezes desconfortável, é o alicerce sobre o qual a confiança cresce.

Em um ambiente virtual, onde a distância física pode gerar desconexão emocional, cumprir compromissos é uma forma tangível de demonstrar confiabilidade. Seja pontual em suas entregas, honre prazos e compromissos. Cada ação cumprida é um tijolo na construção da confiança mútua.

A confiança não é apenas sobre tarefas e metas; é também sobre conhecer as pessoas por trás das telas. Crie espaços para interações informais, seja por meio de vídeo chamadas casuais, salas de bate-papo ou reuniões virtuais descontraídas. Conhecer as histórias e aspirações uns dos outros cria laços que transcendem as atividades de trabalho.

4. Flexibilidade como chave para o engajamento

Vivemos em uma era onde a flexibilidade é mais do que uma opção; é uma necessidade. Para equipes virtuais, essa flexibilidade é a ponte entre o espaço físico e a produtividade. Abraçar a flexibilidade é adaptar-se ao ritmo individual de cada membro da equipe, reconhecendo que o equilíbrio entre vida pessoal e profissional é a base para um engajamento sustentável.

Em uma equipe virtual, os fusos horários se tornam uma realidade inescapável. Em vez de encarar isso como uma barreira, veja como uma oportunidade para oferecer horários adaptáveis. Permita que os membros da equipe ajustem seus horários de trabalho para melhor atender às suas vidas pessoais. Essa flexibilidade não apenas promove o equilíbrio, mas também aumenta o engajamento.

Proporcione autonomia na organização das tarefas. Permita que os membros da equipe escolham a melhor abordagem para concluir suas responsabilidades. A autonomia gera um senso de controle e responsabilidade, fatores fundamentais para manter um alto nível de engajamento em uma equipe virtual.

5. Foco nos resultados, não na presença

O ponto de partida para esse novo enfoque é a definição clara de metas. Cada membro da equipe deve compreender não apenas as metas gerais da empresa, mas também como suas tarefas individuais contribuem para essas metas. Metas claras e mensuráveis servem como faróis, guiando a equipe na direção certa, independentemente de onde cada integrante esteja fisicamente.

Avalie o desempenho com base em resultados tangíveis, não em horas de trabalho. Isso não apenas incentiva a eficiência, mas também estabelece uma cultura de responsabilidade individual. A verdadeira medida de sucesso em uma equipe virtual é a consecução de metas, não o tempo gasto em frente à tela.

Focar nos resultados promove uma cultura de autonomia e responsabilidade. Permita que os membros da equipe decidam como atingir suas metas, proporcionando um ambiente que valoriza a confiança nas habilidades individuais. Essa autonomia não só impulsiona a criatividade, mas também fomenta um senso de pertencimento e propósito.

6. Tecnologia como facilitadora, não barreira

A verdadeira eficácia da tecnologia está na sua integração suave ao fluxo de trabalho. Busque soluções que facilitem, não compliquem. Uma integração bem-feita cria um ambiente virtual fluido, onde as transições entre tarefas e colaboração são naturais. A tecnologia, quando integrada de maneira eficiente, se torna uma extensão harmoniosa do processo de trabalho.

A segurança é uma preocupação válida em ambientes virtuais. Certifique-se de que as ferramentas escolhidas ofereçam níveis adequados de segurança e privacidade. Isso não apenas protege os dados da equipe, mas também cria um ambiente de trabalho virtual confiável e protegido.

A tecnologia não é estática, e sua equipe também não deve ser. Promova uma mentalidade de inovação constante. Esteja atento a atualizações e novas ferramentas que possam aprimorar a colaboração e eficiência. Uma equipe que abraça a evolução tecnológica está posicionada para superar desafios e se destacar na arena virtual.

7. Reuniões virtuais significativas

Uma reunião significativa se estende além do tempo designado. Garanta um *follow-up* eficaz, documentando as decisões tomadas, as ações a serem realizadas e os próximos passos. Essa prática não apenas mantém todos informados, mas também estabelece uma continuidade lógica entre as reuniões, promovendo a coesão da equipe.

Avalie regularmente a eficácia das reuniões virtuais. Solicite *feedback* dos membros da equipe, identifique pontos de melhoria e esteja aberto a ajustar a abordagem conforme necessário. As reuniões, quando adaptadas às necessidades da equipe, tornam-se verdadeiras ferramentas de colaboração e alinhamento.

Reuniões virtuais significativas são um pilar na liderança à distância. Ao estabelecer agendas claras, promover a participação ativa, utilizar ferramentas colaborativas, inovar na estrutura, respeitar o tempo, realizar *follow-ups* eficazes e avaliar constantemente, você está construindo encontros virtuais que transcendem as barreiras físicas, mantendo a conexão e a eficácia da equipe.

8. Desenvolvendo líderes virtuais

Em ambientes virtuais, onde as interações pessoais são limitadas, a empatia torna-se um pilar essencial da liderança. Líderes virtuais empáticos compreendem as necessidades e desafios individuais de seus membros da equipe. Desenvolver essa empatia cria um ambiente onde os membros da equipe se sentem valorizados e compreendidos.

A liderança à distância é dinâmica, exigindo uma capacidade constante de adaptação. Líderes virtuais devem ser ágeis na resposta a mudanças, na antecipação de desafios e na introdução de novas estratégias quando necessário. Desenvolver essa capacidade de adaptação cria líderes resilientes capazes de guiar suas equipes através de qualquer cenário.

Feedback é a espinha dorsal do desenvolvimento. Líderes virtuais eficazes criam uma cultura onde o *feedback* é constante e construtivo. Isso não apenas aprimora o desempenho individual, mas também fortalece a colaboração e o alinhamento da equipe em direção aos objetivos compartilhados.

Não esqueça, a distância é apenas uma questão de perspectiva. Ao adotar essas estratégias, você está não apenas superando desafios, mas moldando uma nova era na gestão de equipes. A liderança à distância não é uma barreira, mas sim uma oportunidade para a inovação, flexibilidade e excelência. Inspire-se na capacidade única de sua equipe de transcender as fronteiras físicas e construir um futuro brilhante, independentemente de onde cada membro esteja localizado.

Com otimismo e dedicação,

Samuel

Distância é um detalhe, eficácia é construída através da proximidade de propósitos, comunicação transparente e liderança que transcenda fronteiras.

Samuel de Souza

TÂNIA MIRANDA

Sou Tânia Miranda, natural de Teófilo Otoni/MG, mas fui criada em Ouro Verde de Minas, pequena cidade onde mora minha mãe.

Sou psicóloga desde 2012. Especialista em Gestão Estratégica de pessoas e em Liderança e Coaching. Sou professora acadêmica, mentora de Liderança e Carreira, consultora organizacional, atuo em Treinamento & Desenvolvimento, com ênfase em Liderança e Inteligência emocional.

Líder de equipe desde 2017, e por isso acredito que treinar e desenvolver é a chave de sucesso para uma equipe bem-sucedida.

Sou a prova real de que podemos mudar o nosso perfil profissional e ocupar um cargo de liderança por meio de posicionamento e comunicação de forma assertiva, sendo referência no que faz e consequentemente influenciando pessoas.

psictaniamiranda

+55 (33) 99932-6258

Tânia Miranda

taniamiranda.psic@hotmail.com

33 LIDERANÇA RESILIENTE: MANTENDO-SE FIRME SOB PRESSÃO

Por Tânia Miranda

Fui criada em uma pequena cidade do interior de Minas Gerais, sem perspectivas reais, para construir uma história de sucesso em que eu pudesse me orgulhar. Desde pequena, já compreendia a importância da dedicação ao estudo e o seu poder de mudar a realidade de uma família inteira. Diante das dificuldades que passávamos, se destacava o fato de não ter, por muitas vezes, condições sequer para comprar o material escolar.

Sou filha de mãe solo e, por isso, tive que enfrentar muitos desafios ainda criança. Minha mãe é a representatividade de uma força imensurável, trabalhava durante o dia e estudava durante a noite, em busca de uma qualidade de vida para mim e meu irmão mais velho. Na adolescência, o sonho de realizar uma graduação ficou mais forte em mim, mesmo sem saber como faria, pois a realidade ainda não favorecia a possibilidade dessa conquista. Nesse período, fui vítima de *bullying*, por esse motivo, tinha poucos amigos. Mas o interessante é que, todas às vezes que me sentia excluída, aumentava em mim o desejo de dedicar mais e obter boas notas escolares, pois, assim, obteria o respeito e a admiração de todos.

Anos após, veio a oportunidade de realizar a faculdade de psicologia e, ainda sem condições, optei em mudar de cidade e conseguir um emprego para auxiliar nas despesas, que não eram poucas. Foram inúmeras situações de desespero, acreditando que o sonho poderia ser interrompido a qualquer momento. Mas, já conseguia perceber que eu estava contrariando a minha realidade, em busca de um sonho. Tive ajuda, diversas vezes, de colegas de sala que se tornaram amigos, acreditavam e viam em mim a força de vencer.

Por ser uma mulher de fé, jamais tive dúvidas de que Deus esteve presente durante todos esses momentos, cuidando de mim de forma graciosa, através dessas pessoas. Todas as situações vividas durante a faculdade me possibilitaram um amadurecimento precoce, inclusive pelo fato de ter que ir para outra cidade aos 18 anos, longe da minha mãe, morar com outras pessoas até então desconhecidas.

Ao longo das experiências adquiridas nos últimos anos, aumentou em mim a necessidade de reconhecer e enfrentar meus medos e inseguranças, eu precisava aprender a me comunicar assertivamente, construir relações interpessoais, estabelecer limites, melhorar a automotivação e autoestima, para aumentar a autoconfiança e sobretudo desenvolver um perfil de autoliderança.

Nesse momento, você pode estar perguntando: "Mas é possível desenvolver um perfil de liderança?". Sim, querido leitor, é possível e o primeiro passo é desenvolver o autoconhecimento, tornar consciente os pontos fortes e os pontos que precisam ser melhorados. Para influenciar de forma eficaz, o líder precisa se perceber com clareza, pois quando aprendemos a liderar a nós mesmos, nos tornamos melhores em todos os aspectos. Esse foi o primeiro desafio que enfrentei para iniciar a jornada de uma liderança de sucesso, visto que desenvolver habilidades de inteligência emocional é fundamental para um bom desempenho de um líder.

Minhas qualificações e experiências profissionais permitiram que eu desenvolvesse as competências de gestão e, como resultado, consegui posições de destaque, sendo referência, assumindo mais responsabilidades e consequentemente os seus riscos, me fortalecendo e tornando-me mais resiliente; deixando de lado a procrastinação e revelando meu potencial, com disposição para traçar estratégias e gerenciar conflitos ao ocupar um cargo de liderança.

É importante reconhecer que os desafios e experiências dolorosas nos ensinam a lidar com pressões e sermos resilientes. A resiliência está, de maneira intrínseca, ligada à história de vida das pessoas, como lidam com as relações e suas experiências. Trata-se de habilidades que o indivíduo possui de se adaptar positivamente às situações de pressão, adversidades, desafios e transformações, sem perder o foco, produtividade e qualidade.

Assim como a liderança, a resiliência é uma habilidade que pode ser desenvolvida, mas, para isso, é crucial que o líder encare a realidade e aprenda a lidar com as frustrações diárias, enfrentando-as com os pés sempre no chão, sem perder a criatividade, criando outras possibilidades por recursos inesperados. Um líder com essa característica está disposto a mudar, a encorajar a mudança e a direcionar os esforços para onde a empresa deseja chegar.

É possível perceber a existência de colaboradores que enfrentaram muitos desafios para chegar onde estão, mas ainda não conseguiram desenvolver o perfil de liderança porque acreditam que a superação dos obstáculos é suficiente para transformá-los em bons líderes. Sabemos que não é bem assim, o primeiro passo para desenvolver a liderança, após liderar a si próprio, é aprender a ser liderado. Uma vez que o líder conhece esse processo, será compreendido por sua equipe, pois o que atualmente a ela vivencia, ele já passou, fortalecendo ainda mais sua autoridade.

Para transformar-se em um líder resiliente, os conflitos precisam ser vistos como oportunidade de aprendizado e aprimoramento profissional, além disso, deve possuir a habilidade de construir e reconstruir atitudes do cotidiano. Também ser autoconfiante, flexível, persistente, otimista, precisa ter equilíbrio, ser empático e saber se conectar com propósito, transformando um momento de crise em redescobertas.

Fernandes, (2004), afirma que essas habilidades preservam a personalidade emocional nos diferentes ambientes e permite o líder tomar decisões na empresa, provocando maior participação da equipe nos desafios, em um percurso que não seja afetado pelos impactos causados dentro da organização. Ou seja, um líder resiliente supera situações desestabilizadoras sem entrar em colapso, se regenerando e desenvolvendo a capacidade de absorver as mudanças.

Se os líderes mantiverem viva a habilidade de resiliência, se sentirão ainda mais motivados e incentivarão os colaboradores a estarem também. Afinal, saber lidar com as adversidades prepara a equipe para trabalhar sob pressão e, ainda assim, a inspira estar motivada e engajada.

É comum ler na literatura brasileira que o líder resiliente é tolerante à mudança e compreende que imprevistos acontecem, por isso, mantém o controle diante da dificuldade. Ele também inspira a confiança de todos os seus liderados. Saber liderar não é uma tarefa fácil, mas liderar em situações de grande pressão ou em tempos difíceis e ainda assim ter que entregar resultados com qualidade, torna-se um desafio ainda maior, não é verdade? Diante das situações, é inadmissível pensar em fugir, ao contrário, é preciso dedicar-se ainda mais. Mas, se atentem, trabalhar sob pressão ajuda no desenvolvimento profissional, auxiliando no uso de suas habilidades técnicas e emocionais.

São inúmeras as contribuições, mas vale destacar algumas, como: o aumento da capacidade de aprendizagem da equipe, adquirindo um conhecimento com a prática diária, favorecendo ainda mais a atuação do líder. Maior adaptabilidade, resultando em uma percepção melhor do ambiente de trabalho, aceitando as mudanças ocorridas na organização. Mais agilidade nas ações, flexibilizando os processos e diversificando produtos e serviços. Melhora na comunicação, que é uma competência imprescindível para que o líder gerencie os conflitos de forma clara, e, por último, a conquista de um alinhamento dos colaboradores com a visão, missão e valores organizacionais.

Porém, a falta de equilíbrio poderá acarretar grandes prejuízos e por isso é tão importante desenvolver a inteligência emocional, para não haver aumento de estresse, ansiedade, esgotamento mental e, em alguns casos, até queda na qualidade do trabalho, reduzindo também a qualidade de vida.

Você deve estar se perguntando, nesse momento, o que deve fazer para aprender a trabalhar sob pressão. Terá que aprender a:

1. Dividir suas tarefas em partes menores, concentrando-se para realizá-las uma por vez. Desta forma, irá gerenciá-las sem exigir muito de você.

2. Organizar sua rotina, estabelecer prioridades claras, saber exatamente o que fará primeiro e como fará diminuirá a sensação de sobrecarga. Anote em ordem de urgência.

3. Não procrastinar: adiar as tarefas importantes pode diminuir a sensação de alívio; por isso, deve enfrentá-las.

4. Respeitar seus limites, embora você sinta que precisa trabalhar sem parar, lembre-se da importância do descanso. Sua saúde mental é importante e precisa ser uma aliada no seu desenvolvimento profissional.

5. Evitar a exaustão: não permita que os conflitos externos te controlem. Você pode não conseguir evitar os problemas, mas pode decidir se eles irão te afetar ou não. Faça um filtro.

Ao realizar estas estratégias, você alcançará o equilíbrio e se sentirá mais autoconfiante e preparado para enfrentar desafios com eficácia, demonstrando, pelo exemplo, à sua equipe que é possível atuar com tranquilidade sem perder os prazos e muito menos a qualidade. Contudo, durante a caminhada existem obstáculos, pois, no mundo corporativo tudo é muito dinâmico. Por isso, o líder resiliente deve aprender com os erros, falhas e encarar suas dificuldades, sem ceder. Aliar-se ao anseio de vencer, absorver o aprendizado das falhas anteriores, aumentando assim as chances de construir uma liderança de alto desempenho.

Te apresentei minha história para mostrar que é possível desenvolver a liderança e a resiliência, mas, para isso, esteja conectado ao seu propósito, pois, ter um objetivo definido te motiva a não recuar nos momentos difíceis.

Esse também é o seu desejo? Então, inicie esse processo colocando suas adversidades como desafios, superando seus próprios limites; e também faça como eu fiz, transformei os desfavoráveis contextos sociais em oportunidades de crescimento. Acredite em si e tenha orgulho de suas habilidades, confie em sua capacidade de gerenciar seus desafios, pois além de aumentar a autoconfiança, se tornará mais produtivo para alcançar o sucesso.

(Referências bibliográficas ao final do livro)

"

Se os líderes mantiverem viva a habilidade de resiliência, se sentirão ainda mais motivados e incentivarão os colaboradores a estarem também.

Tânia Miranda

"

VANESSA GONZAGA

Sou Vanessa Gonzaga, natural de Curitiba/PR, onde resido com a minha amada família: meu esposo César Silva, com quem sou casada há 20 anos, e com os meus filhos.

Sou empresária, mentora, escritora, *master coach*, especialista comportamental, pós-graduada em Marketing e CEO da Inove Soluções em Capacitação. Estou há mais de 15 anos liderando equipes de sucesso.

Superei grandes desafios na liderança e no empreendedorismo, e provei que é possível mudar a própria vida através do autoconhecimento e de um desejo ardente de ajudar pessoas a se desenvolverem e a evoluírem em todas as áreas de suas vidas.

vanessagonzagaoficial

Vanessa Gonzaga

inovecapacitacao_

+55 (41) 99584-7058

vanessa.gonzaga@inovecapacitacao.com.br

34 A IMPORTÂNCIA DA EMPATIA NA LIDERANÇA

Por Vanessa Gonzaga

O capítulo "A Importância da Empatia na Liderança" mergulha em um tema essencial para os líderes do século XXI. Em um mundo cada vez mais complexo e diversificado, a empatia se destaca como uma habilidade crucial para construir equipes de alto desempenho e promover um ambiente de trabalho positivo e inclusivo. Neste capítulo, exploraremos como a empatia pode ser um diferencial competitivo para líderes que desejam alcançar resultados extraordinários.

Na jornada rumo à liderança empática, examinaremos os benefícios tangíveis que ela pode trazer para os negócios, como o aumento da produtividade, a retenção de talentos e a construção de relacionamentos sólidos com clientes e parceiros. Também buscaremos compreender como as emoções e perspectivas dos colaboradores podem influenciar seu engajamento e motivação, e como o líder empático pode ser um catalisador para o crescimento pessoal e profissional de sua equipe.

Além disso, abordaremos estratégias práticas e exemplos que incorporaram a empatia em sua abordagem de gestão. Discutiremos ferramentas e técnicas que podem auxiliar no desenvolvimento da empatia, destacando a importância da escuta ativa, da comunicação aberta e da valorização da diversidade de opiniões.

Ao longo deste capítulo, seremos desafiados a refletir sobre nossas próprias práticas de liderança e a considerar como podemos cultivar a empatia em nossos relacionamentos profissionais e pessoais. Estamos diante de uma oportunidade de aprimorar nossas habilidades de liderança, tornando-nos agentes de transformação capazes de promover um impacto positivo na vida de nossas equipes e na sociedade como um todo.

Portanto, prepare-se para mergulhar em uma jornada introspectiva e inspiradora, na qual exploraremos o poder transformador da empatia na liderança. Vamos em frente desvendar os segredos do verdadeiro DNA da liderança empática:

1. A base da empatia na liderança

Em seu cerne, a empatia na liderança transcende a simples compreensão dos outros; trata-se de se colocar no lugar do outro e reconhecer suas experiências. Ao estabelecer essa base sólida, os líderes podem criar ambientes de trabalho mais inclusivos e colaborativos.

2. A construção de relacionamentos significativos

Líderes empáticos priorizam a construção de relacionamentos autênticos. Ao investir tempo compreendendo as motivações e desafios individuais de seus colaboradores, eles criam uma cultura onde cada membro se sente valorizado, incentivando o engajamento e a produtividade.

3. Resiliência e compreensão na adversidade

Em momentos de desafio e incerteza, a empatia emerge como uma ferramenta poderosa. Líderes que compreendem as dificuldades enfrentadas por suas equipes podem oferecer suporte eficaz, promovendo a resiliência coletiva e inspirando confiança mesmo nas circunstâncias mais adversas.

4. Cultivando a inteligência emocional

A empatia está intrinsecamente ligada à inteligência emocional. Líderes que compreendem e gerenciam suas próprias emoções estão mais aptos a sintonizar-se com as emoções dos outros. Esse equilíbrio emocional é um catalisador para decisões mais ponderadas e relacionamentos mais sólidos.

5. Inovação através da diversidade de perspectivas

A empatia na liderança propicia um ambiente inclusivo, onde diversas perspectivas são valorizadas. Ao reconhecer e celebrar as diferenças, os líderes podem criar equipes mais inovadoras, capazes de enfrentar desafios com uma gama mais ampla de soluções criativas.

6. Comunicação empática

A habilidade de se comunicar com empatia é essencial. Líderes eficazes não apenas ouvem atentamente, mas também transmitem mensagens de forma que respeite as necessidades emocionais de seus colaboradores. Essa comunicação empática fortalece a confiança e a coesão dentro da equipe.

7. Impacto social e responsabilidade corporativa

A empatia vai além das paredes da empresa, estendendo-se à responsabilidade social. Líderes que demonstram preocupação genuína com questões sociais contribuem para uma imagem corporativa positiva, atraindo talentos comprometidos com valores éticos e responsáveis.

8. Liderança adaptativa e empatia

Em um mundo em constante evolução, líderes empáticos destacam-se pela capacidade de se adaptar às mudanças. Ao compreender as diferentes reações de seus colaboradores diante das transformações, esses líderes podem orientar suas equipes de maneira mais eficaz, promovendo uma cultura de flexibilidade e inovação.

9. *Feedback* construtivo e crescimento profissional

A empatia desempenha um papel fundamental na entrega de *feedback*. Líderes empáticos não apenas reconhecem as realizações, mas também oferecem orientação construtiva de maneira sensível, promovendo um ambiente onde o desenvolvimento profissional é encorajado, e os colaboradores se sentem apoiados em sua jornada de crescimento.

10. Equilíbrio entre resultados e bem-estar

Liderança com empatia não é apenas sobre alcançar metas, mas também sobre o bem-estar dos membros da equipe. Líderes que priorizam a empatia encontram maneiras de equilibrar a busca por resultados com a promoção de um ambiente saudável, garantindo que os colaboradores se sintam valorizados e apoiados em suas vidas profissionais e pessoais.

11. Criação de uma cultura de confiança

A empatia é um alicerce essencial para a construção de confiança. Ao criar um ambiente onde os colaboradores se sentem compreendidos e respeitados, os líderes fortalecem os laços de confiança, essenciais para o trabalho em equipe eficaz e o alcance de metas organizacionais ambiciosas.

12. Gerenciamento de conflitos com empatia

A empatia desempenha um papel crucial no gerenciamento de conflitos. Líderes empáticos não apenas resolvem disputas, mas também buscam compreender as diferentes perspectivas envolvidas. Ao fazê-lo, criam soluções mais duradouras, promovendo um ambiente de trabalho onde as diferenças são respeitadas e gerenciadas de maneira construtiva.

13. Influência positiva na saúde mental

A empatia na liderança está intrinsecamente ligada à saúde mental. Líderes que demonstram preocupação genuína com o bem-estar emocional de seus colaboradores contribuem para ambientes de trabalho mais saudáveis. Isso não apenas aumenta a satisfação no trabalho, mas também reduz o estresse e promove uma mentalidade mais positiva.

14. Aprendizado contínuo e desenvolvimento pessoal

Líderes empático incentivam o aprendizado contínuo. Ao apoiar o desenvolvimento pessoal de seus colaboradores, esses líderes criam equipes mais capacitadas e motivadas. A empatia desempenha um papel crucial ao reconhecer as aspirações individuais e orientar os membros da equipe em direção ao seu crescimento profissional.

15. Sustentabilidade e responsabilidade ambiental

Além do impacto social, a empatia na liderança se estende à responsabilidade ambiental. Líderes conscientes buscam práticas sustentáveis, reconhecendo o impacto das decisões organizacionais no meio ambiente. Essa abordagem não apenas fortalece a imagem da empresa, mas também contribui para um mundo mais sustentável.

Um exemplo de liderança empática que fez sucesso é o caso de Satya Nadella, CEO da Microsoft. Quando assumiu o cargo em 2014, Nadella enfrentou desafios com relação à cultura corporativa da empresa e à motivação dos funcionários. Ele percebeu que era fundamental cultivar uma cultura de empatia e inclusão para impulsionar o sucesso da empresa. Ele começou concentrando-se na conexão humana, enfatizando a importância de ouvir sua equipe e compreender suas necessidades e desafios.

Uma das ações de liderança empática de Nadella foi incentivar os colaboradores a buscar um equilíbrio entre trabalho e vida pessoal, reconhecendo que ter tempo para a família e cuidar do bem-estar pessoal era essencial para uma equipe engajada e produtiva.

Além disso, Nadella também mostrou empatia ao reconhecer os talentos individuais e fornecer oportunidades de crescimento e desenvolvimento para sua equipe. Ele encorajou os colaboradores a assumirem riscos, aprender com os erros e acreditou no potencial de cada um.

Como resultado, a liderança empática de Satya Nadella trouxe uma mudança significativa na cultura da Microsoft. A empresa tornou-se mais diversificada e inclusiva, resultando em maior criatividade, inovação e aumento de produtividade. Sob sua liderança, a Microsoft experimentou um crescimento notável, consolidando-se como uma das empresas de tecnologia mais valiosas do mundo.

A empatia é um dos elementos fundamentais para uma liderança eficaz. No capítulo "A Importância da Empatia na Liderança" do livro "DNA da Liderança", exploramos em profundidade como a capacidade de se colocar no lugar do outro e compreender suas emoções e perspectivas pode transformar a dinâmica de um líder e influenciar positivamente sua equipe.

Durante o capítulo, discutimos várias razões pelas quais a empatia é crucial no ambiente corporativo. Em primeiro lugar, a empatia cria um ambiente seguro e acolhedor, onde os colaboradores se sintam valorizados, ouvidos e apoiados. Ao entender as emoções e necessidades da equipe, o líder pode oferecer um suporte mais eficaz, seja em momentos desafiadores ou no reconhecimento das conquistas individuais e coletivas.

Além disso, a empatia fortalece os relacionamentos interpessoais, tanto no ambiente de trabalho como fora dele. Por meio da empatia, um líder pode construir uma cultura organizacional baseada na cooperação, confiança e respeito mútuo. Essa conexão emocional energiza a equipe, estimulando a criatividade, a colaboração e a produtividade.

Em suma, a empatia é uma das mais valiosas ferramentas que um líder pode possuir. Ela torna possível construir relacionamentos sólidos, compreender as necessidades de cada membro da equipe e ajudá-los a alcançar seu pleno potencial.

Liderança com empatia não é apenas sobre alcançar metas, mas também sobre o bem-estar dos membros da equipe.

Vanessa Gonzaga

REFERÊNCIAS BIBLIOGRÁFICAS

Ana Paula Bessegatto

Glasser, W. (1925-2013). Pirâmide de Aprendizagem.

Referências - Cláudia Barros

Como Desenvolver o Autoconhecimento: 20 Práticas Segundo a Neurociência – Engrandece.com

Eleine Passos

(1) **Hepp, Diego e Nonohay, Juliana Schmitt**. A importância das técnicas e análises de DNA. Scientia Tec: Revista de Educação, Ciência e Tecnologia do IFRS – Instituto Federal do Rio Grande do Sul - Campus Porto Alegre, v.3, n.2, p: 114-124, jun/dez 2016.

(2) **CHARAM, RAM, DROTTER, STEPHEN E NOEL, JAMES**. Pipeline de liderança: O desenvolvimento de líderes como diferencial competitivo. Editora Sextante; 1ª edição (29 março 2018).

(3) **MAXWELL, JOHN C.**. Liderança Consciente. Como potencializar seus pontos fortes e se tornar um grande líder; Tradução Cecília Ele. São Paulo, SP: Editora Hábito, 2023.

(4) **Gallup - State Of American Manager (O Estado do Gerente Americano, em livre tradução) - Resultados em 2023.** Acesso 19.01.2024: https://www-gallup-com.translate.goog/workplace/349484/state-of-the-global-workplace.aspx?_x_tr_sl=en&_x_tr_tl=pt&_x_tr_hl=pt-BR&_x_tr_pto=sc#ite-506924

(5) **Clifton, Donald O**. Descubra seus pontos fortes 2.0: Strenghsfinder 2.0. Editora Sextante; 1ª edição (12 julho 2019).

Erika Guerra

ARGYRIS, Chris; SCHÖN, Donald A. (1996) - Organizational learning II: theory, method, and practice.

Pia-Maria Thoren (2017) - Agile People: A Radical Approach for HR & Managers - That Leads to Motivated Employees - (English Edition)

Hubert Joly, Caroline Lambert, Paulo Geiger (2022) - O coração do negócio: Princípios de liderança para uma nova era do capitalismo Capa comum – 12 julho 2022

Paula Coscarelli

(1)– Este erro pode acabar com a sua carreira: https://exame.com/carreira/este-erro-pode-acabar-com-a-sua-carreira-assim-como-acabou-com-a-kodak-e-a-blockbuster/

(2) – Conforme a pesquisa "Millenial and Gen Z Survey 2023", da Deloitte. https://www2.deloitte.com/br/pt/pages/human-capital/articles/millennials-survey.html

(3) – Mais sobre Metodologia Ágil: agilemanifesto.org

Tânia Miranda

FERNANDES, Maria H. R. Resiliência: cuidando a resiliência do cuidador. In: AZEVEDO, D.R et. al. Psicooncologia e interdisciplinaridade: uma experiência na educação a distância. Porto Alegre: Edipucrs, 2004.

DNA DA LIDERANÇA

ANOTAÇÕES

ANOTAÇÕES

ANOTAÇÕES

ANOTAÇÕES

ANOTAÇÕES

ANOTAÇÕES